スロー・ルッキング

Slow Looking: The Art and Practice of Learning Through Observation

よく見るためのレッスン

シャリー・ティシュマン
北垣憲仁　新藤浩伸 訳

Shari Tishman
KITAGAKI Kenji　SHINDO Hironobu

東京大学出版会

Shari Tishman, *Slow Looking: The Art and Practice of Learning Through Observation*
Routledge, 2018
Japanese translation by KITAGAKI Kenji and SHINDO Hironobu
University of Tokyo Press, 2025
ISBN 978-4-13-051367-8

マーティン・アンディックに捧げる

私たちは自分が見ているものしか見ない。見るということは選択の行為である。——ジョン・バージャー

自然のなかへ行き、自分の手で事実をつかみ、見て、自分の目で確かめよう。——ルイ・アガシー

見るには時間がかかる。友人を持つのに時間がかかるように。——ジョージア・オキーフ

スロー・ルッキング——よく見るためのレッスン　目次

凡例

・訳者註は〔　〕で示した。
・引用文の翻訳にあたり、既存の翻訳を参照した場合は、その書誌情報を訳者註に掲げた（なお、訳者が適宜修正を加えている場合がある）。
・本文中では、「see」と「look」が書き分けられている。「see」は、自然に自分の視界に入るものを見ること、「look」は、視線を向けて見る、意識的に見ることを意味する。本書は読みやすさを考慮してとくに訳し分けず、どちらも「見る」とした。また、本文中に頻出する「Slow Looking」は、文脈に応じて「スロー・ルッキング」あるいは「ゆっくり見る」と訳し分けている。
・原文でイタリック表記の箇所は、「　」で示したほか、文脈に応じて訳し分けている。
・原著の注で参照されているＵＲＬがリンク切れのものについては、著者の了解のうえで二〇二四年一一月一二日時点で参照可能なＵＲＬに差し換えた。
・原著で不明な点は著者に問い合わせ、加筆修正を行った。

序文

本書の刊行までには多くの時間がかかりました。幸いなことに、ハーバード大学教育学大学院（ＨＧＳＥ）の研究センターであるプロジェクト・ゼロで働き、同僚からのこのうえない支援と刺激を受けました。プロジェクトの友人たちからの、変わらぬインスピレーションと励ましに感謝しています。また、プロジェクトに関わる学校の教師や博物館のエデュケーターにも、その経験から長年多くを学びお世話になっています。

とりわけ、デヴィッド・パーキンスに感謝を申し上げます。本書の考えの多くは、彼との無数の対話により吟味され、深められ、よりよいものとなりました。また、エドワード・クラップと、リズ・ドウ・デュライジンのおかげで本書の構想は確かなものとなり、刊行の実現に向けて導いてくれました。友でありプロジェクトの同僚であるキャリー・ジェームズからの、日々の変わらぬ励ましや具体的な提案、示唆に富むアイデアにも感謝します。

友人や同僚との多くの会話を通じて、アイデアが本書に織り込まれていきました。パティー・ストーンとの散歩しながらの対話、アリシア・マキニーとのお茶をしながらの対話にも感謝しなければなりません。ゆっくり見ることと絵を描くこととの関係を考えさせてくれたセイモア・サイモン。博物館でゆっくり見ることについての刺激的な対話ができたコーニー・ジマーマンにも感謝します。スコット・ルーシャーは、本書にふさわしい詩をいつも紹介してくれましたし、ジョーディ・オークランドには、研究を始めたときの文献調査でお世話になりました。ジェシカ・ロスは、「スロー」の概念を授業実践に応用するにあたり示唆に富む助言をしてくれました。ジム・リースは、時として熟する前のアイデアを実践する機会を与えてくれました。ハワード・ガードナーの親切な励ましにも感謝します。

「アウト・オブ・エデン・ラーン」プロジェクトに関する本書のいくつかのアイデアは、アバンダンス財団の助成により磨かれました。財団理事長のスティーヴン・カーンの支援と助言に感謝します。また、「アウト・オブ・エデン」の生みの親ポール・サロペックの、これまでの仕事と友情が気づきをもたらしてくれました。スージー・ブレアは、「アウト・オブ・エデン・ラーン」で得られた生徒のデータを一緒に分析してくれました。分析の後半部分ではミシェル・グエンの貴重な支援をいただきました。

本書全体にわたって多くの芸術作品を文中で参照し、モノクロームの小さな図版でも紹介しています。図版の掲載を許可してくださった作家、博物館、研究者に感謝します。読者のみなさまには、読書体験を豊かにするためにも、オンライン上でフルカラーの図版を参照することをお勧めします。

ラウトレッジ社の編集者ダン・シュワルツからは、ありがたい励ましと重要な指摘をいただきました。アリソン・ウィゲンは、本当に必要なときに智慧や励ましを与えてくれ、実際に助けてもくれました。妹のアンドレア・ティシュマンは、本当の意味で最初から本書執筆の旅に同行してくれました。彼女の優れた注意力、たえまない励まし、思慮深い観察力に多く助けられました。夫のロバート・ソワ、息子のスティーヴン・ソワの日々の愛情深い支えにも感謝します。

本書を、マーティン・アンディックの思い出に捧げます。教授であり、友であり、「スロー」であることの真の師でした。ずっと昔に彼が気づかせてくれたおかげで、私は歩き始めることができたのです。

第1章 はじめに――スローということ

カリフォルニア州オークランドで、ネジ回しを手にした四人の中学三年生が机を囲み、ドアノブを分解しています。手と目を使って、ドアノブの複雑さや相互に関連している部品を調べています。机の上には大きな紙が置かれていて、そこにメモやスケッチをしながら発見したことを記録していきます。

中央アジアでは、一人のジャーナリストが古代シルクロードの経路を徒歩で旅しています。スロー・ジャーナリズムの実践者である彼は、トップニュースにならないような話に耳を傾けています。ウズベキスタンのサマルカンド郊外で、彼は伝統的な紙漉き職人を訪ねます。そして、木の皮を叩いて繊維状のパルプにする、水車で動く木製の槌《つち》を観察しています。紙を乾燥させて仕上げると絹のような柔らかさになる、と彼は書いています。

マサチューセッツ州ボストンの美術館では、一枚の大きな絵の前に研修医たちが集まっています。かれらの目的は、美術品を見て観察力を養うこと。ミュージアムのガイドが「絵をよく見て、何が見えたか話してください」といいます。会話を重ねるうちに、同じ視覚的な手がかりにもとづいているにもかかわらず、それぞれの解釈が違うことに驚きあっています。この経験は、自分たちの臨床実践について改めて考えるきっかけとなるのです。

マサチューセッツ州ケンブリッジの川向かいでは、中学生がコンピュータの画面をのぞき込み、池の生態系を再現した没入型の仮想環境に入っていきます。自分の体を縮めてごく小さな潜水艦に乗り込み、池の底を探索していくと、微細な生物を発見します。そして、時間をかけてそれらの生物の行動を丁寧に観察します。

インドのチェンナイでは、一一歳の少女が、慣れ親しんだ環境を新鮮な目で見ようと、近所をゆっくりと散歩しています。写真を撮ったり、今まで気づかなかったことをメモしたりします。そののち、彼女はオンラインのフォーラムにログインし、散歩の様子を投稿します。同じような散歩をした他の国の生徒の投稿も閲覧し、かれらの目を通してその地域を見るのです。

これらは、今起きているスロー・ルッキングの実例です。スロー・ルッキングの定義は難しくありません。一見して目に映る以上のことを、時間をかけて丁寧に観察するということです。先のエピソードもその例ですが、教室で、美術館で、研究室で、インターネットで、裏庭で、近所を散歩しながらなど、人びとが世界を時間をかけてじっくりと観察するあらゆる場所で起こっています。

本書は、学びの方法としての「スロー・ルッキング」を探究するものです。「スロー・ルッキング」という言葉は視覚に関わる用語ですが、長時間の観察による学習は、あらゆる感覚を通して起こりうるということを強調しておくことが重要です。この本で紹介されている例やアイデアのほとんどは視覚的な観察に関するものです。けれども、そうでないものも多く、私はしばしば「見る（look）」という言葉を、より広い意味での感覚による観察を指すために使います。たとえば、冒頭の場面に登場する中学三年生は、目だけでなく手でもドアノブを「見て」いるといえるかもしれません。

どのような感覚を使ったとしても、ゆっくりと見ること《スロー・ルッキング》は、世界についての知識を得るための方法です。すぐには理解できない複雑さを見極めることに役立ち、他の学習方法とは重きの異なる特有の技法と性質を含んでいるのです。また、それは学習可能な実践でもあると私は考えています。

私が「スロー・ルッキング」というテーマにたどり着いたのは、紆余曲折の末のことでした。私は教育研究者として働いていますが、専門分野としては「高次の認知（high-level cognition）」と呼ばれるものに焦点を当てています。基本的なリテラシーを超えた思考様式に興味があり、私の研究プロジェクトでは、人びとが批判的、反省的、創造的な思考を身につけるためのプログラムや実践に焦点を当てることが少なくありません。

私は長いあいだ、観察による学習についてはあまり深く考えてきませんでした。観察について考えたとすれば、それは目標達成の手段としてでした。たとえば、観察はデータを集めるために行うもので、それが推論や問題解決などのより高度な思考プロセスに反映されていく、というふうに。しかし、やがて私は物事を違った角度から見るようになりました。新しい意識が芽生えた最初の瞬間を今でも覚えています。ある小学五年生の授業の始業時間に訪ねたときのことでした。子どもたちは騒々しく教室に入ってきました。そして先生は私に「これから三〇分かけて、マティスの絵を見てもらう予定です」と教えてくれました。私は丁重にうなずきましたが、そのとき、本心ではこう考えていました。小学五年生のグループに、三〇分間じっと座って絵を見るように指示したら、すぐに子どもたちはそわそわして落ち着きをなくしてしまうだろう、と。しかし、この先生には計画があったのです。彼女は、子どもたちが絵をパッと見るのではなく、じっくり観察するように、いくつかの簡単な方法を用いました。その効果は驚くべきものでした。たとえば、子どもに気づいたことを五つ挙げてもらいます。次に輪になってもらい、それぞれの子どもに前の人がいったことにつけたす形で観察をしてもらうという、じつにシンプルな方法です。さらに、他の子どもとグループを作ってもらい、二つの疑問を共有してみるのです。あっという間に三〇分がすぎました。

観察のたびに、先生は子どもたちに十分な時間をとっていましたが、絵についての教科書的な情報はあまり与えませんでした。それにもかかわらず、子どもたちは驚くほど多くのことを学んでいました。たとえば、観察を重ねるにつれ、この作品の構造的な複雑さ、つまり、さまざまな形や色、線が組み合わさって全体を構成していることがわかるようになってきました。また、絵のなかに、さまざまな解釈ができる曖昧な部分をいくつか発見していました。その絵に描かれているのは、カラフルで鮮やかな模様のある食堂で、テーブルの横に人が座っていない椅子が置かれています。子どもたちは、この椅子は誰のためのものだろう、作者のものかな、などと考えました。そして、自分がその椅子に座ることを心に描いたり、どんな座り心地だろうと想像したりする（「いい感じだけど、ちょっと窮屈かも」など）といった具合です。絵の「正しい」解釈（もしそれがあれば、ですが）と見解が一致しなくても、作品の歴史的な情報を諳んじることができなくても、子どもたちは明らかに多くのことを学んでいたのです。しかも、その知識は、子どもたちが自分の目でしっかりと見ていたからこそ得られたものです。外部からの情報をどんなに集めても、子どもたちが自ら得た洞察に取って代わることはなかったでしょう。

この体験ののち、私は学校の内外を問わず、他の場面でも「ゆっくり見る」ことの力に気づき始めました。私は、「ゆっくり見る」ことが、それを維持するためのほんの少しの仕組みによってどれほど本質的に魅力あるものになるか、ということに魅了されるようになりました。見れば見るほどより多くのものが見えてきて、見れば見るほどより多くのことに惹きつけられる、という本質的な報酬をもたらす循環型の能動的な認知の一形態であると考えるようになりました。そして芸術や人文科学、科学、日常生活など、さまざまな文脈における観察の実践には共通点があるのではないかと考えるようになりました。私は、「スロー・ルッキング」についてもっと学べるような研究プロジェクトを探し、大学で教えるさいにも「スロー・ルッキング」を取り入れるようになりました。学校教育の歴史的な考え方や、博物館の歴史における「スロー・ルッキング」の存在にも興味を持つようになりました。「スロー・ルッキング」と科学的観察の歴史や文学的描写との関連にも関心がわいてきました。そして一貫して、「スロー・ルッキング」の学習上の利点と、それを支える教育実践を理解しようと努めてきました。

本書は、こうした探究がどこにたどり着いたのかを描いた物語です。教育関係者を念頭に置いて書いたため、授業で使える実用的なアイデアや方策をお探しの方は、とくに第1章と第9章でいくつかを見つけられると思います。また、練習問題では、自分でも「スロー・ルッキング」を試してみることができます。しかし、この本で議論されているアイデアや事例の多くは、教室での授業の枠をはるかに超えています。この本が、「スロー・ルッキング」とは何か、どのように実践するのか、そしてなぜ重要なのか、ということに関心があるすべての人に興味を持っていただけることを願ってやみません。

「スロー」の広まり

「ゆっくり（slow）」という問題に関心を持っているのは私だけではありません。スローなものへの理解は、最近の文化の一部となっていますが、その始まりの時があるようです。一九八六年、イタリアの食とワインのジャーナリスト、カルロ・ペトリーニが、ローマのスペイン広場にマクドナルドの店舗がオープンすることに抗議してデモを行いました。この出来事がきっかけとなり、地元の食材や持続可能な生産方法、伝統的な食生活をゆっくりと楽しむスローフード運動が始まったとされています。そののち、この運動は世界中に広まり、現在も続いています。これは、現代の文化において「スロー」を求める傾向が強まっていることのあらわれです。いくつかの例を挙げてみましょう。「スロー・アートの日（Slow Art Day）」というイベントがあります。これは世界中の美術館で毎年開催されているもので、そのルールはいたって簡単です。美術館に行って五つの作品を五―一〇分ずつ見て、誰かと一緒に昼食を食べながら見たものについて話すというものです。また、「テスト形式の知識のパッケージ」と呼ばれるようなファストフード型の学校教育を排し、深い学びと教師と生徒の質の高い相互交流を促すような学校教育を主張する「スロー・エデュケーション」の動きもあります(1)。そして、「スロー・ジャーナリズム」を実践するジャーナリストも増えています。即席の情報を求める世間の風潮を拒み、ゆっくりと世界をめぐり、物語に注意深く耳を傾け、人間のペースで報道することを重視するというものです。

これらの「スロー」の流行すべてがゆっくり見ることを強調しているわけではありませんが、いずれも第一印象を超えて、時間をかけてゆっくりと展開する、より没入感のある長期的な体験を求めています。本書も、ある程度はその潮流のなかにあります。しかし、私が定義するスロー・ルッキングには、この大きな潮流にそぐわないような特徴があります。ひとつは、スロー・ルッキングは必ずしも静かで瞑想的な雰囲気を特徴としているわけではない、ということです。私が小学五年生の授業で学んだように、時間をかけた観察は活気に満ちた生き生きとした状況をつくりだすことができます。もちろん、穏やかで落ち着いた雰囲気になることもありますし、人によっては瞑想的なものになることもあります。しかし、そのどれかである必要はありません。この点についてはのちの章で触れますが、ここではっきりさせておきたいのは、私はスロー・ルッキングを広い意味で捉えているということです。ほぼすべての年齢層の人が、さまざまな気分やテンポでそれを行うことができるのです。

また、デジタルライフのスピードが「スロー」という課題を提起することはあっても、「スロー・ルッキング」が必ずしも反テクノロジーであるとは考えていません。私たちはデジタルの時代に生きています。没入型のソーシャルメディア、遍在するニュース配信サービス、タップひとつで得られる無限の情報、これらすべてに注意力の持続を損ねてしまう可能性があります。しかし、デジタル技術とメディアは、ふだんは見過ごしてしまうようなものをよく観察するための強力な手段にもなります。たとえば、ＮＡＳＡのソーシャルメディアのおかげで、この記事を書いている今も、何百万人もの人たちが、宇宙空間を疾走する岩だらけの荒涼とした彗星の写真を見て長い時間を過ごしています。デジタル・クラウドソーシングによって、何千人もの人たちが、科学者による自然界の綿密な観察に協力しています。また、メディアに掲載された画像を見て、何十万人もの人たちが公人の行動を注意深くチェックしています。ペースの速い、デジタル化された文化は、ゆっくり観察することに困難をもたらすかもしれませんが、同時に好機を与えてもくれます。

なぜゆっくり見ることが重要なのか、その理由は大きく三つあります。これらの理由は、デジタル時代にとくに切実に感じられるかもしれませんが、デジタル時代に限ったことではありません。

第一に、ゆっくり見ることは、素早く見ようとする人間の自然な性質に対してバランスを保つための重要

な手段です。ほとんどの場合、私たちは目に見える環境を素早くスキャンし、すぐに手に入る表面的な情報を何でも無分別に取り込み、せわしなく先へと進みます。これにより第一印象がすぐに決まり、それがそのまま定着してしまう傾向があります。さらに、この高速モードでは、空白を埋めるように見る傾向がありま す。ちょうど、歌を聴くときに数フレーズで大体の内容がわかるように、上手に描けばほんの数筆で顔全体が「わかる」ことがあります。たいてい高速で見ることはとても有効です。認識するために何度も繰り返し見なければならないというのは、とんでもなく不便なことです。世界を効率的に移動するためには、直観的な視覚による意味づけが必要です。しかし、パッと見ただけでは理解できないものもあります。知らない街の地図を見ても、それが地図であることはすぐにわかりますが、その情報を活用するためにはしばらく検討する必要があります。パッと見て大体のことはわかっても、その複雑さを解き明かすには時間がかかるものです。木をちらりと見ると、そこに幹や枝があって、葉があって、といったことはわかります。しかし、樹皮に付着した地衣類の多彩な模様や、不規則な樹冠の形、生態系を構成する無数の生物などに気づくには時間がかかるのです。

第二に、一般的な教育では、「ゆっくり見る」ことがあまり重視されていない傾向にあります。心をもっとも生産的に働かせることは、いつも自然にできることではありません。「素早く見る」ことから「ゆっくり見る」ことへは、認知心理学者が「ファスト・マインド（fast mind）」と「スロー・マインド（slow mind）」について語るのと類似しています。(2)「ファスト・マインド」は、視覚的な第一印象による判断を含む、迅速で直観的な自動判断が特徴で、心のもっとも一般的な動作モードです。一方、「スロー・マインド」は、落ち着きのある慎重な思考を特徴としています。その特質は、証拠にもとづいた推論、分析的思考、慎重な意思決定にあります。「スロー・シンキング（slow thinking）」の効果は絶大ですが（現代科学と西洋哲学のプロジェクト全体を考えてみてください）、心を落ち着かせ、直観的な判断を捨ててゆっくりと熟考するように仕向けるには、警戒心と意志の強さ、そして訓練が必要です。

教育界では、熟慮する心を鍛えることの価値に異を唱える人はほとんどいません。私を含めた教育者たちは、若い人たちに、証拠にもとづいて推論すること、議論をうまく分析・評価すること、そして思慮深く判断することを教える重要性を支持しています。これらの能力は、すべての教科や日常生活で役立つ一般的な思考のスキルだと私たちは考えています。多くの学校のカリキュラムは、これらのきわめて重要なスキルを教えることを目的としており、批判的思考力の育成は、望ましい一般教養の一部をなすものとしてしばしば説明されます。

一方で、ゆっくり見ることを教えるのは、より専門的な方面へと向かいがちです。高校生であれば、美術史の授業や理科の実験室でそれを実践する機会があるかもしれません。しかし、ゆっくりと世界を観察する能力を身につけることが教育の中心的な目標として掲げられることはあまりありません。これは残念なことです。なぜならば、「スロー・ルッキング《ゆっくり見る》」は「スロー・シンキング《ゆっくり考える》」と同じように幅広い応用性がありますが、両者の技法はいくぶん異なるからです。スロー・シンキングは、情報を分析し、根拠を吟味し、慎重に推論することが含まれます。一方、スロー・ルッキングは、細部を観察する能力、解釈を先送りする能力、慎重に判断する能力、異なる視点のあいだを往還する能力、主観性を意識する能力、そして第一印象を乗り越えるためにさまざまな観察の方策（strategies）を意図的に用いる能力を重要視します。もちろん、重なる部分もあります。たとえば、スロー・シンキングもスロー・ルッキングも、異なる視点から物事を見たり、さまざまな情報源から情報を得たりする能力を重視しています。しかし、スロー・シンキングとスロー・ルッキングのどちらか一方だけでは、もう一方の能力を十分に育むことはできません。

第三に、よく見ることは人類共通の価値です。多くの人がさまざまな事柄について意見を異にしますが、注意深く観察することの価値に異を唱える人はほとんどいません。私たちの多くは、世界が複雑な場所であることを直観的に理解していますが、その複雑さを解決したり解きほぐしたりするための判断を急ぎすぎることがよくあります。ゆっくりと見ることは、複雑さに対する健全な反応です。物事の多面性を認識し、評価するためのゆとりを作り出すからです。これは自然な本性に根ざした反応でありながら、持続するためには意図的に行う必要があります。しかし、これはいうほど簡単なことではありません。ゆっくりと注意深く物事を見るというもっとも重要なことは、しばしばもっとも難しいことでもあるのです。政治的な意見の相違、個人的な意見の対立、価値観の対立などはすべて、物事のあり方やあるべき姿についての信念のぶつかり合いと関係があります。しかし、対立はしばしば複雑さの徴候であり、物事には見た目以上のものがあるということのあらわれなのです。複雑さを否定する手がかりではなく、複雑さを検証するための手がかりとして対立を認識することへと導く教育を想像してみてください。

本書の重要な論点は、ゆっくり見ることは大半が学習可能な能力だということです。問題は、人びとがその重要性を信じていないことではなく、それを支援する技法や考え方を発展させる援助を受けてこなかったことにあるのです。現代の西洋の教育では、知識を追求するための合理的で批判的な思考が重要視されています。ゆっくり見ることは、一般的に教育の中心的な価値観として認識されていないかもしれませんが、批判的思考に根幹部分で貢献しています。何が真実で正しいかを判断する前に、目の前のものをよく見ることが重要だからです。

注

（1）たとえば、http://www.slowmovement.com/slow_schools.php を参照

（2）この研究のもっとも包括的なレビューについては、Kahneman, D. (2011). *Thinking, Fast and Slow*, New York: Farrar, Straus and Giroux. 村井章子訳『ファスト&スロー——あなたの意思はどのように決まるか?』上下巻、ハヤカワ文庫、二〇一四年

第2章 見るための方策

ゆっくり見る行為はどこでも行われています。系統的で科学的な観察が生物学の研究の一部であるように、それは専門家がいつもしている仕事の一部です。また、それは日常生活のなかで当たり前になされている行為で、美術館の絵画や家族の写真、路上の昆虫などを時間をかけてじっくりと観察するときなどにも行っています。スロー・ルッキングの実践は、けっして奥義の探究といった難解なものではなく、その多くは方策のようなものです。そこでは、視線を導き、焦点を定めるための観察の方法が意図的に用いられるからです。チェックリストを使って裏庭の鳥を観察したり、スケジュールを決めて時間をかけて庭の変化を計画的に観察したり、意図的に視線の集中を解いて絵画を新たな視点で見たりした経験があれば、観察の方策を使ったことになります。これは、目にさまざまな構造と予測を与えることで機能します。

専門家が注目するものは、分野によって大きく異なります。法人類学者は骨格を精査します。船乗りは風や波のパターンを観察します。心理学者は人間の行動パターンを観察します。教育者は生徒の学習の様子を注視します。観察しているものはさまざまですが、専門家が観察を行うさいに用いる基本的な方策は、どの分野でも驚くほど似通っています。しかも、その方策自体はとてもシンプルで、誰でも簡単に使いこなすことができ、人間のあらゆる活動に応用できます。この章では、科学、芸術、そして日常生活の例を挙げながら、これらの幅広い観察の方策のうち四つを紹介します。

目を誘導するカテゴリー

雨の降る土曜日の午後、美術館のエントランスホールには、傘の雨粒を払ったり、チケットを買うために並んだりする来館者の声が響き渡っています。ホールの片隅では、次のような案内表示の下に人が集まっています。

> 公開ツアーは午後二時から
> ゆっくり見てみましょう
> どなたでも歓迎

やがて、ミュージアムガイドが到着。彼女は自己紹介をして、しばらくの歓談ののち、ホールを進み、一九世紀のアメリカの絵画が展示されている天井の高い大きな展示室へと来館者を案内します。彼女は立ち止まり、その空間に浸る時間を取ったあとで、海の風景を描いた大きな絵画の周りに来館者を集めました。

来館者はしばらく絵を見たのち、絵画の横にある壁の解説パネルを見ています。そして、期待に胸を膨らませてガイドを振り返り、彼女の話を聞こうとしています。ガイドは、講義を始めるのではなく、こう告げます。「まずは絵を見て、その特徴に気づくことから始めましょう。さて、三つの質問をいたします。どんな色が見えますか。どんな形が見えますか。どんな線が見えますか。まずは、色から始めましょう」。

やってみよう　色、形、線

今いる場所で、アート作品、自然の風景、街の風景などをこの方法で観察してみてください。

どんな色が見えますか
いくつか説明してみてください。
どんな形が見えますか
いくつか説明してみてください。
どんな線が見えますか
いくつか説明してみてください。
一人でやっても、誰かと一緒にやってもかまいません。そして観察の結果を共有しましょう。

そのグループはしばらく静かにしていましたが、誰かが話し始めます。

「私には灰色の空が見えます」
「灰色と紫色の筋が入った白い雲が見えます」と他の誰かがいいます。
「絵の右上に淡い黄色の光がありますね」とさらに他の来館者が発言します。「太陽の光が差し込んでいるように見えます」。

やがて、みなが空の色を指摘しはじめました。そして徐々に絵画の下半分に関心が移り、海の色を表現する人が出始めます。最初は青や青緑などといっていたのですが、誰かが銀色がかった紫の筋を指摘すると、それまで見えていなかったさまざまな色相と色合いが見えてきました。誰かが「水の色に空の色が反射している」と指摘すると、人びとの目は空に戻り、それまで気づかなかった微妙な色調に気づくようになりました。

このような観察を引き出すために、ミュージアムガイドはもっとも一般的な観察の方策を使います。つまり、あるカテゴリーを使って目を誘導するのです。これは、広い意味でいえば、事物についてのある要素を探すように目に指示するというものです。このミュージアムガイドは、色、形、線というカテゴリーを用いています。他の分野では、カテゴリーはまったく異なる場合があります。たとえば、医師は、病気の典型的な症状を認識するために、肌の色や口臭といったカテゴリーを用います。考古学者は、ある風景のなかにある特定の特徴に焦点を絞るためのカテゴリーとして、埋葬された人工物の存在を示す可能性のあるくぼみや隆起に注目します。財産の盗難を調査する刑事は、窃盗犯を特定するために道具の跡、足跡、繊維などの手がかりを探します。

カテゴリーは文脈によって大きく異なりますが、基本的な目的は同じです。つまり、カテゴリーは知覚の流れを特定の特徴に選択的に集中させるレンズとして機能するのです。カテゴリーは、意識していてもしていなくても機能し、それなしにものを認識することは考えられません。カテゴリーは、私たちがどんな経験にも持ち込む期待、目的、仮定のなかで機能し、他のものではなく特定のものを「見る」ことを可能にしているのです。たとえば、美術館のある来館者が一九世紀の絵画の展示室に入ったとき、かれらは絵画を見ることを期待し、それがまさにかれらの目に留まったとします。展示室の中央にある木製のベンチも、その周りを歩かなければならないので、おそらく気にはなったでしょう。しかし、かれらはおもに壁面に飾られた芸術作品に注目していました。なかには壁の色（クリームがかったベージュ）に気づいた人もいたでしょうし、出口のサインや展示室の床の擦り切れた木などの細部に気づいた人もいたかもしれません。しかし、天井の照明器具の形や、部屋の隅のホコリ、周囲を歩く警備員のゆっくりとした歩調などには誰も気づかなかったでしょう。

このページから少し目を離して、目の前にあるものを見てみてください。見えるものの数は数えられると思うかもしれません。しかし、一瞬にして何十億とはいわないまでも、何百万もの視覚刺激が目に飛び込んでくるため、頭のなかですべての視覚情報を意識的に処理することはできません。一定の基準で選択するフィルタリングの機能が不可欠となります。そうでなければ、私たちは部屋のなかを歩いているだけで疲れてしまうでしょう。しかし、日常的に行われている無意識のフィルタリングに頼るだけでなく、カテゴリーという方策を意識的に重ねることで、見落としそうなものに注意を向けることができます。たとえば、先のミュージアムガイドが参加者に、壁の色、展示室内の他の来館者の服装、光の質などに意図的に注目してみるように求めていたら、簡単にそれはできたでしょう。しかし、注目点を変えることには代償が伴います。そうした視点から見ることで、来館者は絵画にほとんど注意を払わなくなるかもしれません。

問題は、私たちは見ているものすべてを意識することはできない、ということです（ただ、あとで説明しますが、そうしようとすることには方策上の利点があります）。選択的な注意には強い力があります。見たいものを選ぶことはできますが、そうすると、今度は他のものが見えなくなってしまいます。この仕組みを変える可能性を持つものとして、「驚き」があります。意外なものが視界に入ってくると、それを識別するために頭を切り替えることなく、「ただ見ているだけ」という感覚になることがよくあります。たとえば、美術館を訪れた人は、絵画を見ることに集中していても、竹馬に乗ったピエロが展示室を歩いていたら、おそらく気づくでしょう。しかし、必ず気づくといえるでしょうか。それは、絵画の色や形や線をどれだけ集中して見ているかによるかもしれません。

私たちの視線は、あるものを探すことにこだわりすぎて、注意の焦点外のものが驚くほど見えなくなっていることがあります。その顕著な例が、認知科学者のダニエル・サイモンズとクリストファー・カブリスの研究です。以前、サイモンズがゴリラの着ぐるみを着て、二人の心理学者が行った実験は、ちょっとした話題となりました。その内容は、六人の人間がバスケットボールを渡し合うシーンを撮影した短いビデオを被験者に見てもらうというものでした。黒いシャツを着ている人が三人、白いシャツを着ている人が三人。白いシャツの人がパスした回数を数えるという課題が出されました。歩行とパスの動きが激しいので、白いシャツの人に意識を向けるには集中力が欠かせません（ヒント：カテゴリー）。映像の中盤で、歩き回る人びとのなかにゴリラが入ってきます。ゴリラはカメラに向かって胸を叩いたのち、画面から消えていきます。信じがたいことに、一九九九年にハーバード大学でこの実験が初めて行われたとき（この映像が有名になる前のことですが）、パスの回数を数える作業に集中していた視聴者の半分はこのゴリラを見ていなかったのです[1]。

私たちが集中するために用いるカテゴリーは、私たちが何を見るかを大きく方向づけます。これは考えさいも同じです。ミュージアムガイドが選んだカテゴリーを考えてみましょう。色、形、線は、疑う余地のない絵画の形式的な要素です。これらのカテゴリーは具体的なものなので、来館者にゆっくりと注意深く見てもらうためにうまく機能しているように見えますが、どのカテゴリーを選ぶかによって、どこに価値や重要性を置くのかを伝えることができます。では、これらはアートを見るときに用いるカテゴリーとして「正しい」ものなのでしょうか。正解はないにしても、これはもっともな問いです。たとえば、形式主義の芸術理論家は、美術館のガイドの方策が、スケールやプロポーション、キャンバスの幾何学的な構成など、絵画の重要な形式的な特徴に目を誘導できていないため不適切だと主張するかもしれません。別の学者は、アートをよく見るための方策は形式的な要素を強調することから始めるべきではなく、絵画が語ろうとしているストーリーに人びとの注意を向けるべきだというかもしれません。また、絵画が制作された時代や社会的な文脈からの文化的影響を示す特徴を見ることが重要だと主張する学者もいるでしょう。

どのようなカテゴリーのシステムを観察の指針とすべきかという議論は簡単ではなく、まったく決着がつかないこともしばしばです。しかし、あるカテゴリーがその分野の観察方法を飛躍的に向上させ、すぐに標準的な方法になることがあります。科学の世界に目を向けてみましょう。カリフォルニア大学バークレー校の脊椎動物学博物館の初代館長であり、「生態学的ニッチ〔ecological niche：生物学、生態学では、生態的地位のことを指す。ひとつの種が利用する、あるまとまった範囲の環境要因〕」のアイデアを発展させた一人であるジョセフ・グリンネル〔一八七七―一九三九、アメリカの野外生物学者、動物学者。カリフォルニアの動物相について広範囲にわたる研究を行い、グリンネル・メソッドとして知られる野外観察の記録方法を導入した〕の仕事がそのよい例として挙げられるでしょう。グリンネルは一八〇〇年代後半に鳥類学者としての修行を積んだのち、鳥類や他の動物を自然の生息地で観察するために広く旅をして、その観察結果をフィールドノートに記録しました。当時のメモ書きの慣習に従い、彼のメモは、種の名前や見た鳥の数などを記した長いリストで構成され、その他の事柄はあまり記されませんでした。これは当時の調査の慣行でしたが、グリンネルは、フィールドノートに書き込む対象を種と数の二つに限定すると、天候や生息環境といった他の重要な要素に注意を払えなくなると考えるようになりました。そこでグリンネルは、より厳密なシステムを構築し、多くのカテゴリーに従いメモを取ることにしました。このシステムを助手に徹底させたことで、それまでになかった豊かな環境データの収集が可能になり、二〇世紀初頭のアメリカにおける環境調査の発展に大きく貢献したとされています。一世紀以上経った現在でも、この「グリンネル・メソッド」は多くのナチュラリストにとって標準的な手法となっています。

オープン・インベントリー

グリンネルのフィールドノートは、カリフォルニア大学バークレー校の脊椎動物学博物館に保存され、研究に供されています。キャサリン・カーソンは、これらのノートを綿密に調査し、時代とともに興味深い変化があることを指摘しています(2)。グリンネルが最初に方法を確立したときは、かなり厳密にその方法に従っていました。しかし年月が経つにつれて、彼のノートはより肩の力が抜けたものとなり、広範囲にわたる主観的な記述と観察が含まれるようになっていきました。円熟した科学者としてのグリンネルは、将来の科学にとって何が重要になるかを事前に知ることは不可能だと考えるようになり、のちのノートにはそれが反映されています。グリンネルは、自分が開発したメモの取り方を助手に常に厳守させていましたが、後年、一見重要ではなさそうな観察結果を記録するために、より多くのノートのページ数が必要になるなど、自身のシステムを練り上げていきました。つまり、彼の手法は、「特定のものを徹底的に見るためにカテゴリーを使い、それから念のために、見たものすべてを書き留めておく」というものだったのです。彼には先見の明がありました。現在、科学者たちはグリンネルたちのメモを調べて、現代の気候変動の手がかりを得ようとしています。これはグリンネルが予想だにしなかったことでもありました。

観察の方策は、試行錯誤を重視します。つまり経験則が役に立つときには適用し、役に立たないときには脇に置いておくというものです。科学的な現象を観察する人たちと同じように、芸術愛好家たちもそのことをよく理解しています。二〇世紀の著名なチェリストであるヤーノシュ・ショルツ〔一九〇三―九三〕は、音楽家としてだけでなく、美術品の収集家としても知られています。彼が収集したイタリアのデッサンの多くは、現在、ニューヨークのモルガン図書館に収蔵されており、その他の写真、版画、ドローイングなどの膨

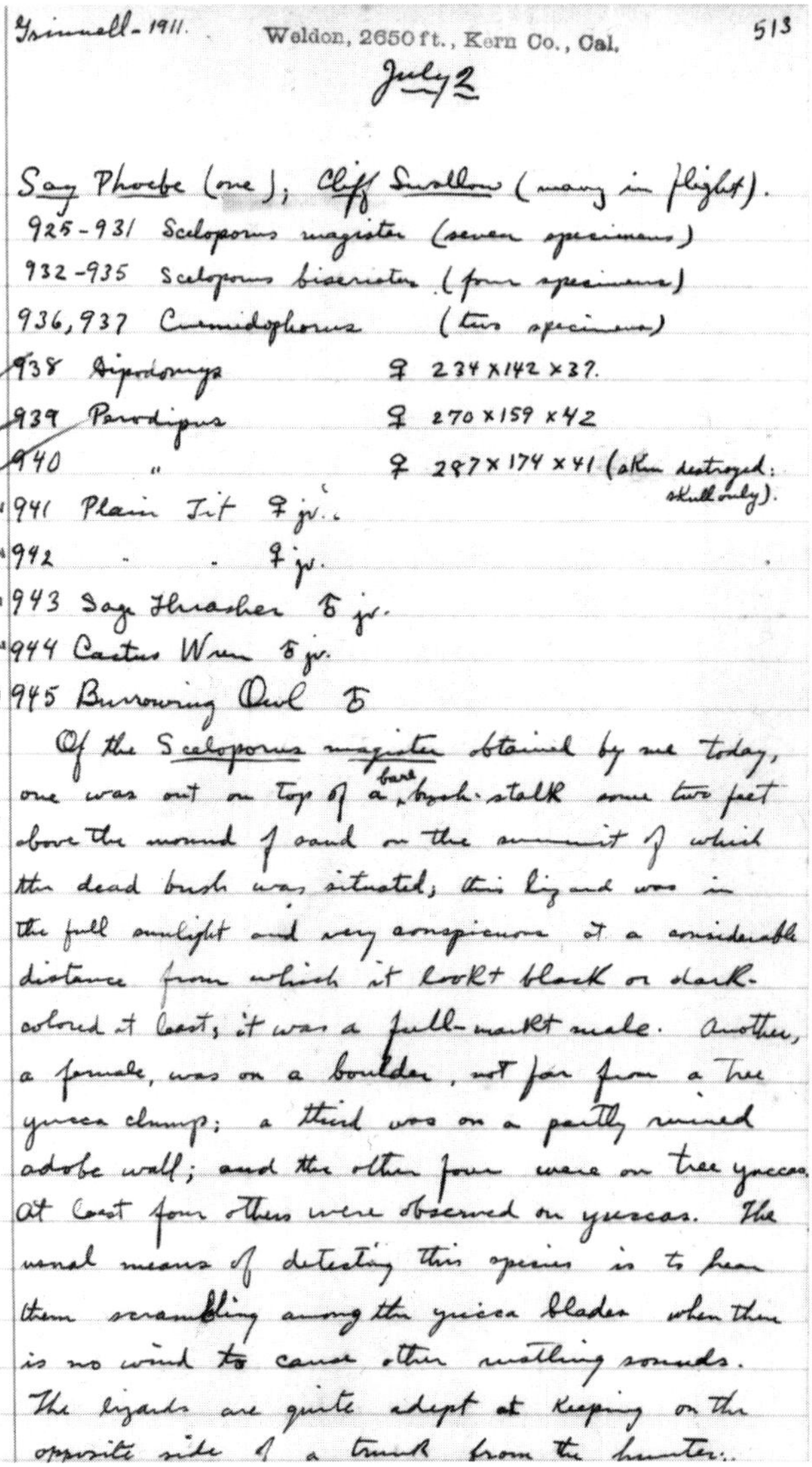

Grinnell-1911. Weldon, 2650 ft., Kern Co., Cal. 513

July 2

Say Phoebe (one); Cliff Swallow (many in flight).
925-931 Sceloporus magister (seven specimens)
932-935 Sceloporus biseriatus (four specimens)
936, 937 Cnemidophorus (two specimens)
938 Dipodomys ♀ 234 × 142 × 37.
939 Perodipus ♀ 270 × 159 × 42
940 " ♀ 287 × 174 × 41 (skin destroyed: skull only).
941 Plain Tit ♀ juv.
942 " " ♀ juv.
943 Sage Thrasher ♂ juv.
944 Cactus Wren ♂ juv.
945 Burrowing Owl ♂

Of the Sceloporus magister obtained by me today, one was out on top of a bare bush-stalk some two feet above the mound of sand on the summit of which the dead bush was situated; this lizard was in the full sunlight and very conspicuous at a considerable distance from which it looks black or dark-colored at least; it was a full-marked male. Another, a female, was on a boulder, not far from a tree yucca clump; a third was on a partly ruined adobe wall; and the other four were on tree yuccas. At least four others were observed on yuccas. The usual means of detecting this species is to hear them scrambling among the yucca blades when there is no wind to cause other rustling sounds. The lizards are quite adept at keeping on the opposite side of a trunk from the hunter.

図2-1　ジョセフ・グリンネルのフィールドノートのページ、1911年7月2日。カリフォルニア大学バークレー校脊椎動物学博物館の許可を得て掲載

大なコレクションは、アメリカの著名な美術館に散在しています。ショルツは目利きとして知られており、作品の質を見極める方法について記しています。本章のミュージアムガイドのように、ショルツはカテゴリーの活用を重視し、こう書き残しています。「経験を積めば、線の自然さ、対象の写実性、視覚的な深さの感覚など、さまざまな要素を吟味するための手順を確立できるだろう」と。しかし、それと同じくらい重要なのは、「認識にとらわれない」ことであり、「いつでも、あらゆるものを、あらゆる場所で見る。これは、目利きのキュレーターにとって基本中の基本であり、神聖なルールである(3)」とも主張しています。ショルツの手法はグリンネルのそれと似ていて、カテゴリーを使いある種の特徴を注意深く見て、それを超えてあらゆるものにあらゆる場所で気づくというものです。

もちろん、いかなる客観的な意味でも「あらゆるものを、あらゆる場所」で見ることは不可能です。しかし、ショルツとグリンネルの話からわかるのは、優れた観察者は、あらん限りの方法でできるだけ多くのことに気づこうとする、ということです。ショルツの「あらゆるものを、あらゆる場所」で見るというアドバイスは、カテゴリーと同じくらい広く使われている第二の観察の方策である「オープン・インベントリー(open inventories)」の精神そのものです。

インベントリーとは、特定の種類または特定の場所にあるものをすべて記録することを目的とした項目別のリストのことです。博物学者は動植物の目録を作成し、企業は商品の目録を作成します。百科事典も目録の一種です。特定の種類のもののすべての側面や事例を包括的に示すことを目的としているからです。百科事典的インベントリーは、限られた地域に生息するフクロウの種の数、チェスの駒の動かし方の百科事典など範囲が狭い場合もあります。また、地球上のすべての生命体のデジタル目録を作成することを目的としたオンライン構想「エンサイクロペディア・オブ・ライフ〔生物に関するオンライン百科事典。記事は専門家が執筆し、査読を経た上でウェブを通じて世界中に無料公開されている〕」のように、目を見張るような広さを持つこともあります。[4] 多くの場合、百科事典の項目はひとつのカテゴリーに簡単に分類されます（チェスのオープニング〔ゲーム序盤の駒の動き、つまり定跡およびその変化形のこと〕、生命体といったように）。しかし、そうでない場合もあります。オープン・インベントリーという言葉が意味するのは、この後者の範囲が広い目録のことです。ブリタニカ百科事典を考えてみると、もともとは人類の知識のすべてを示すことをめざしていました。冊子版では（オンライン版にはない）、項目はアルファベット順に並べられています。これは整然とした雰囲気を醸し出していますが、アルファベットは異質なコンテンツを入れるための便利な容器にすぎません。「R」のページを開くと、「Rutabaga〔カブカンラン。アブラナ科の食用植物〕」、「Religion〔宗教〕」、「Roman Road Systems〔ローマ道〕」などの項目があります。

観察の方策としてのオープン・インベントリーでは、カテゴリーを避け、観察可能なすべての要素を百科事典のように把握することが好まれます。その目的は、全体を構成する豊かで、しばしばカテゴリーに逆らうような要素の寄せ集めを捉えることです。そして、カテゴリーの使用とは異なる種類の識別的な知覚を育みます。カテゴリーは、たとえばある絵画のなかに描かれた円がさまざまな形の集合の一部であるように、集合の一部をなすある要素に注意を向けることで、知覚的に識別するのに役立ちます。特徴についてのオープン・インベントリーを作成すると、個々の要素のもつ特殊性、そして最終的には異質な要素が複雑に組み合わさったより大きな全体像へと注意が導かれるのです。

オープン・インベントリーとは実際にはどのようなものなのでしょうか。話題を美術館のツアーに戻しましょう。海の景色をじっくり鑑賞したのち、ミュージアムガイドは展示室内の別の絵画に来館者を案内します。その絵画は、農地となだらかな丘陵地にいくつかの農場が点在する牧歌的な風景を描いています。「今度は少し違うことをしてみましょう」と彼女はいいます。「この絵をよく見てください。この絵を見て、目についたものをひとつひとつリストアップしていきましょう」。来館者はさっそく絵画の世界に入っていきます。


「家があります」と一人の来館者が語り始めます。

「畑で働いている人がいます」

「農場があります」

「ふわふわした雲があります」

「暖かい日だと思います。コートを着た人がいなくて、暑そう」

「そこらじゅうにたくさんの白いものが見えます」

「農家の人でしょうか、悲しそうに見えます」

「額縁があります」

「とても豪華な額縁があります。金色で派手な彫刻がされている」

「下の方に作者のサインがあります」


来館者が作品の要素を見分けると、リストはどんどん増えていきます。観察の仕方は多岐にわたります。絵の形式的な要素（雲の白さ、農地のパッチワークのような模様）にまつわるものもあれば、絵画の雰囲気（太陽の暖かさ、表情の悲しさ）についてのものもあります。その絵画が語っていそうな物語や絵画の額縁や作者のサインに関するものもあります。来館者の観察結果はきちんとしたカテゴリーに分類されるわけではありませんが、かれらが集団で作成したリストの全体が、絵画の複雑さの一端を捉えています。リストに挙げられた要素のひとつひとつが相互に関係しながら、作品それ自体を生き生きと意味のあるものにしているのです。

やってみよう
一〇種×二回見る
① 画像や物体を三〇秒以上ゆっくりと見てください。あらゆるところに目を向けてみてください。
② 気づいたことについて、一〇個の単語やフレーズを挙げてみましょう。
③ ①と②を繰り返し、もう一度見て、さらに一〇個の単語やフレーズをリストに加えましょう。

インベントリー作成の過程でとても重要なのは、来館者は自分の見たものを記述しているという事実です。記述とは、現在進行中の観察行為であり、たんに過去の内的な精神状態を整理して報告することだけにとどまりません。来館者が自ら観察したものを言葉にすることは、文字通り絵画を見る手助けになります。というのも、見たものを表現するための言葉が私たちの認識に形を与えるからです。正確には、言葉だけではなく、あらゆる形式の象徴的な表現が、私たちが見たものを形作ります。来館者は自分の見たものをスケッチしたり、身振り手振りで、あるいは音でも表現したりします。どのような伝達手段であっても、かれらが観察したことを伝え合う形式は、見るという行為の一部なのです。

コミュニケーションの手段が見るものにどのような影響を与えるかという問題は、「スロー・ルッキング」についての本書にとって、きわめて重大でありながら見過ごされてしまいがちです。私たちが行う描写は、その主体が人間である限り、すべて主観的なものであるという事実から逃れることはできません。主観と「スロー・ルッキング」との関係については、面白い難問がいろいろとあります。のちほど、第7章と第8

章でそのいくつかを見てみましょう。今のところ、私が指摘しておきたいのは、自身の観察結果をお互いに説明し合うことが、美術館来館者の経験の重要な一部だという事実です。

この美術館プログラムを来館者が経験したことのもうひとつの重要な特徴は、多様な観察の情報が、個別部分の総和を超えた全体像を作ることにあります。来館者が作る全体的なインベントリーは、かれらに何かを喚起させる力があります。というのも、それは、一人あるいは一度の観察では得られない、絵画の豊かさと複雑さの感覚を呼び起こし、その全体が臨場感や空間の広がりの感覚を伝えるからです。喚起させる力（evocativeness）は詩の手法であり、詩人は力強い描写技法としてインベントリーを頻繁に用います。ウォルト・ホイットマン〔一八一九―九二、アメリカの詩人、ジャーナリスト、ヒューマニスト。「自由詩の父」とも呼ばれる〕ほど優れたインベントリーを愛する詩人はいないでしょう。以下は、彼の有名な詩「ぼく自身の歌（Song of Myself）」の第8節の一節です。

舗装道路の上のお喋り、荷車の輪金、靴底の音、散歩している人の話し声、
重い乗合馬車、親指を立てて、乗車するのかとたずねている御者、みかげ石を敷いた道の上の蹄鉄の金属音、
雪そり、ちりんちりんという鈴音、大声で交わされる笑い声、飛び交う雪の玉、
大変な人気者に対する歓声、激した群衆の怒り……(5)

ホイットマンの冬景色のインベントリーは、カテゴリーを超えてスケートをしているかのようです。また、「舗装道路上のお喋り」や「群衆のざわめき」、「親指を立て」る御者などの不調和な並置は、それぞれの特

徴の特殊性を主張する一方で、全体として認識したものの豊かさは、雑然としているのにでたらめではない世界の複雑さを伝えています。

芸術において、雑然としたものがつながっている感覚は、喚起させる力を持ちカテゴリーを飛び越えるものであるからこそ、優れたオープン・インベントリーを生み出します。ホイットマンの一節にも、この美術館を訪れた人たちの幅広い観察眼にも、それを見ることができます。アレキサンダー・ポープ〔一六八八―一七四四、イギリスの詩人〕は、「ウィンザーの森（Windsor Forest）」という詩でこの感覚を表現していて、森の風景に存在する雑然とした野生の要素を描写し、それらがどのように結びついているかを記しています。

打ち砕かれ、押しつぶされた混沌ではなく、
ひとつの世界として調和しながらまざりあう。

カテゴリーは秩序を好みます。インベントリーは、美しく、調和的に混乱を生み出すことができます。詩人と同様に、多くの画家たちも調和的な混沌状態を好みます。身近な例でいえば、一六世紀のオランダの画家ピーテル・ブリューゲルの「農民たちの風景」と呼ばれる絵画は、村の生活のある場面のさまざまな活動についての、溢れんばかりに豊かな視覚的インベントリーになっています。

オープン・インベントリーは、しばしば寄せ集めのような特性を持ちます。この方策を好む芸術家は、表現方法としてコラージュを用いることがあります。ロメール・ベアデン〔一九一一―八八、アフリカ系アメリカ人のアーティスト。コラージュなどさまざまな種類のメディアを扱う〕の『鳩（The Dove）』のような作品は、さまざまなイメージや活動を表現するためにコラージュを用いて、都市の路上の風景の臨場感を捉えています（この作品のフルカラー版はオンラインで簡単に見られるので、ぜひご覧ください。この作品は第8章で再び取り上げる

図2-2　ロメール・ベアデン『鳩（The Dove）』1964年

ので、じっくりと鑑賞してみましょう）。

ロバート・ラウシェンバーグ〔一九二五―二〇〇八、アメリカの美術家。ポップアートにも影響を与えたとされる〕の一連のファウンド・オブジェ（found-object）〔がらくたなどを芸術品に取り入れる手法〕である「コンバイン（Combines）」は、コラージュを立体化したもので、多数の異なる要素をまとめて直接的な感覚を生み出すという点で、インベントリーのように感じられます。アンゴラヤギ〔アンゴラもしくはアンカラ。家畜化されたヤギのトルコの品種〕の剝製やタイヤ、印刷された画像、絵の具のはみ出し、ボロボロになった木片など、多種多様な異質なもので構成されているため、ごちゃまぜのものがつながっている感覚を伝え、それ自体がオープン・インベントリーの物理的な例となっています。

本章で取り上げた例のほとんどは、視覚による認識に焦点を当てています。それが私がもっとも慣れ親しんでいる観察の様式だからです。しかし、ここで取り上げた原則や技法は、触覚や聴覚、嗅覚、そして味覚などの感覚にも適用できます。これは、「オープン・インベントリー」という、「あらゆるものを、あらゆる場所」から知覚を収集することに重点を置いた観察の方策にとって、何よりも重要なことです。たとえば、私の知り合いのパークレンジャーは、フロリダ州のエバーグレーズ国立公園の沼地に小学生を連れて行き、二五ページで説明した「一〇種×二回見る」の方策の聴覚版を用いています。まず、目を閉じて一〇種類の音に耳を傾けます。次に、小学生たちが挙げたさまざまな羽音や犬の鳴き声、鳥のさえずり、カチカチ、バシャ、ブーンといった音を、立ち止まって耳を傾けながら共有するのです。そして、これをもう一度繰り返すと、二回目にはより多くの音が聞こえてくることにいつも驚くのです。

感覚のオープン・インベントリーとは、必ずしも五感が伝える印象をすべて把握することだけではなく、身体的な意識を高めるための技法も含まれます。一例として、人間が動物を追跡するための技には、さまざまな感覚を動員した観察の知恵がつまっています。人間の努力の積み重ねであるその営みが成功するかどうかは、ゆっくり見ることにとりわけ依存しています。たとえば、あなたが野生動物の写真家で、森のなかを注意深く静かに移動し、野生動物の痕跡を見つけようとしているとします。プリンストン大学の『自然観察と追跡のための野外活動ガイド（Outdoor Action Guide to Nature Observation & Stalking）』には次のようなアドバイスがあります。「意図的に感覚を変化させてみよう。視覚を変化させてみよう。周囲の環境に断続的に注意を払ってみよう。焦点を動かしてみよう。視覚や聴覚、嗅覚、触覚、味覚などさまざまな感覚を行きつ戻りつしてみよう(6)」。

視覚の話に戻ると、動物の追跡から派生したもうひとつのオープン・インベントリーの手法であるスプラッター・ビジョン（splatter vision）は、自然環境のなかの微妙な動きを感知するための最良の方法であるとネイチャーガイドは考えています。スプラッター・ビジョンは、警察が群衆の動きをざっと見るさいにも使われています。特定のものに焦点を合わせることなく、広い範囲にソフトフォーカスで視界を「広げる」ものです。このモードでは、対象はぼんやりとしか見えなくても目は動きに対して驚くほど敏感になります。鳥が飛び立つときの葉の震えや、小動物が足元を通るときに下に引っ張られる草の葉など、何か動きを感じたら、すぐにその動きに焦点を合わせることができるのです。(7)

これまで説明してきた二つの手法、すなわち「カテゴリー」と「オープン・インベントリーの作成」は、ゆっくり見るための方策としてもっとも広く使われています。対象の、ある類型に目を向ける行為（カテゴリー）と、広く網をかけてさまざまな観察をする行為（オープン・インベントリー）は、経験的な観察を伴う研究や人間の努力が関わるあらゆる分野で行われています。さらに、両者は補完し合う関係にあり、それぞれの方策の強みは他方の弱みを修正する役割を果たしているのです。これらは、ゆっくり見るための方策であり、パッと見るだけでなく、できるだけ観察を長く、深くするための仕組みを提供しています。

やってみよう

スプラッター・ビジョン

森や公園、自宅の裏庭など、自然のなかで試してみてください。

- 地平線を見て、どこか一点に集中しないよう視線をぼんやりと和らげます。両手をまっすぐ左右に伸ばし、指をくねらせてみましょう。指の動きが見えるまで、徐々に腕を前に出していきます。これがあなたの水平方向の視野です。
- 次に、片方の腕をまっすぐ上に上げ、片方の腕をまっすぐ下に降ろします。同じことを上から下に向かって行います。これが垂直方向の視野です。
- 両腕を横に戻して、先ほどのように目線を和らげ、立ち止まってみてください。ふだんとは違う周囲の動きを見てみましょう。

さらに、広く使われている二つの観察の方策も紹介しましょう。これらはよく知られているので、方策とは思えないかもしれません。しかし、方策とみなすことで、これらの観察方法が日常生活のなかで行っている知覚の仕方とは異なるものにするため、研究や目的に応じて使いやすくなります。ひとつ目は、スケール（尺度）とスコープ（視野）です。

スケールとスコープ

この方策は、物理的な視点の調整に関係するもので、カテゴリー分けやオープン・インベントリーの方策と対照的というよりも、むしろそれらと並行して機能する傾向があります。スケール（尺度）とスコープ（視野）を調整することはごく普通のことであり、私たちはそれを方策と考えることはほとんどありません。しかし、視線を集中させ、観察を長引かせる技法を提供することによって、ゆっくり見るための方策として機能するのです。

スケールとスコープの技法には、ある特徴を浮き彫りにするために、物事からの距離を変えたり、視野の広さを調整したりすることが含まれます。カメラや顕微鏡、望遠鏡などの機器もその役割を果たしますが、私たちの身体だけで十分な場合も少なくありません。たとえば、新しい物理的な視点を得るために、何かに近づいたり、遠くに立ったりするときがそうです。

顕微鏡とその後に登場した顕微鏡写真は、古典的なスケールとスコープの方策であるクローズアップのための強力なツールとなりました。ウィルソン・ベントレー〔一八六五―一九三一、アメリカの雪のアマチュア研

図2-3　ウィルソン・ベントレー『雪の結晶の研究』の図版19。月刊ウェザーレビューの年次紀要（1902年）より。出典：米国海洋大気庁（NOAA）

究家」という人物は、すぐに消えてしまうものに対して長期にわたる観察と創意工夫を駆使して、これをライフワークとしました。一八六五年、バーモント州のジエリコという小さな町に生まれたウィルソン・ベントレーは、「雪の結晶男《スノーフレークマン》」と呼ばれ、生涯を農民兼科学者として過ごしました。若くして雪片の結晶構造に魅了された彼は、顕微鏡とカメラを組み合わせた高度な研究方法を考案しました。冷たいベルベットの表面で雪の結晶を捉え、寒い裏庭の小屋で、暖かいミトンをはめた手で使えるように特別に設計した機材を使って丁寧に撮影し、暗い背景のなかで白い雪の結晶を浮かび上がらせるように写真を加工するという手法でした。ベントレーは、生涯で五〇〇〇枚以上の雪片の写真を撮影し、雪片の結晶構造について多くの独創的な発見をしたのです。

ベントレーは、雪の結晶の美しさにも興味を持ち、講演会でもそのことを強調し、自分の写真を科学的であると同時に芸術的であると考えていました。芸術家もまた、スケールとスコープの方策を用いて世界をゆっくりと注意深く観察して、私たちにも同じことをするよう作品を通して促しているのです。たとえば、現代美術家のヴィヤ・セルミンス〔一九三八―〕は、波の表面を驚くほど詳細に撮影するさいに、近接撮影のスケールと狭い範囲のスコープを使い、動く水の流体幾何学的な形に注意を促しています。

また、写真家のヤン・アルテュス＝ベルトラン〔一九四六―〕は、『空から見た地球（Earth from Above）』というよく知られた作品で、地球の上から広角写真を撮影し、地上では見分けがつかない地形の絵画的なパターンに注意を引き寄せています。私のお気に入りの例のひとつに、アーティストのチャック・クローズ〔一九四〇―二〇二一〕の作品があります。彼の作品は、一見、画素（ピクセル）のように見える実物よりも大き

図2-4　ヴィヤ・セルミンス『無題（海）』1970年。紙、アクリル地、グラファイト、36.2×47.9 cm（14⅛×18⅞インチ）。ニューヨーク近代美術館蔵

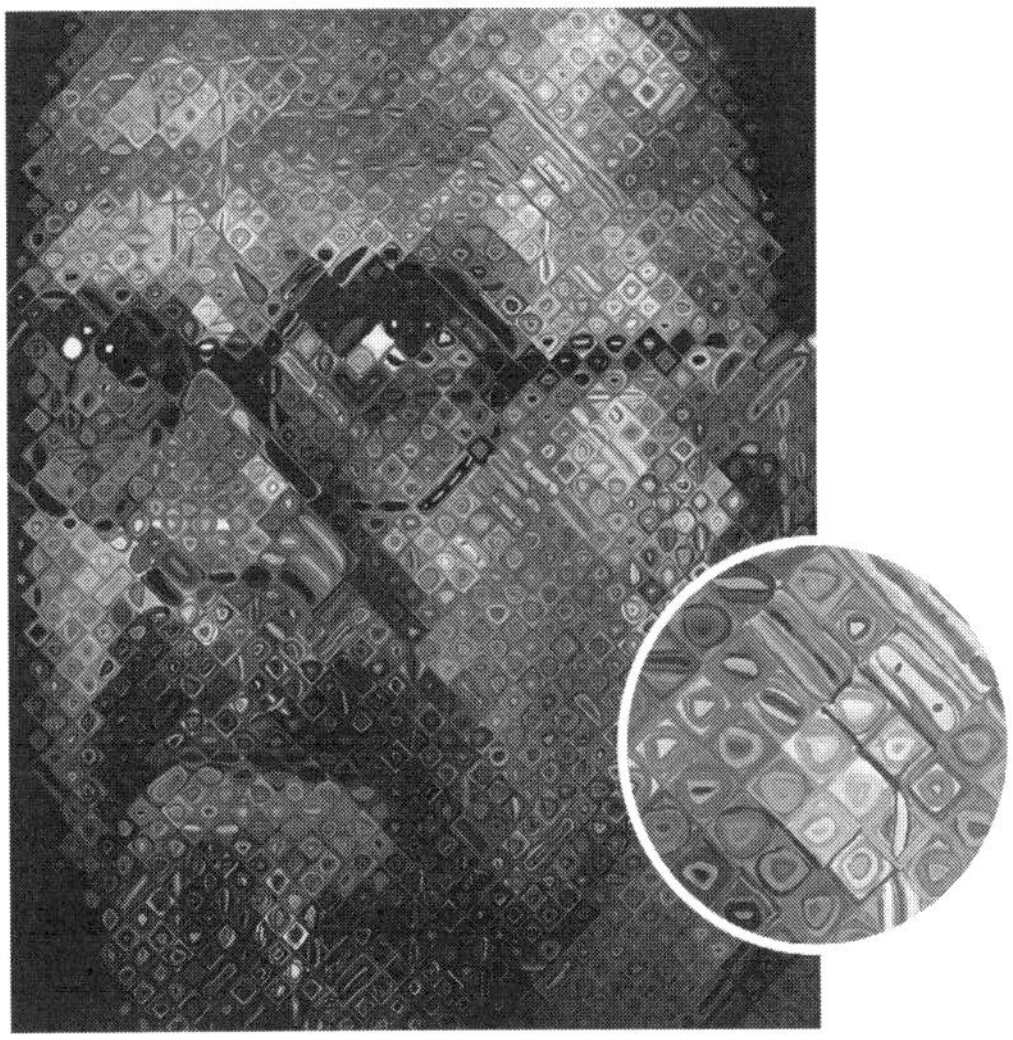

図2-5　チャック・クローズ『自画像』1997年。キャンバスに油彩、259.1×213.4 cm（102×84インチ）。写真：エレン・ペイジ・ウィルソン、提供：ペース・ギャラリー

な肖像画で、小さな形で大きな形が構成され、見る人自身が物理的なスケールを調整するよう巧みに求めます。全体に焦点を合わせるには絵から距離を取り、個々の形がどのようにグリッドを形成しているかを見るためには絵に近づかなければなりません（この作品のフルカラー版はオンラインで簡単に見られるので、ぜひご覧ください）。

本章で紹介したミュージアムガイドは、来館者にどのようにスケールやスコープの方策を使うのでしょうか。もっとも簡単なのは、来館者に物理的な視点を変えてもらうことです。たとえば、床に座ったり寝転んだりして、彫刻を見上げてもらう。また、絵の近くに立って、一五センチ離れたところからどう見えるかを説明してもらうこともできます（これは驚くほど発見の多い活動です）。スコープの一般的な方策は、枠（フレーム）を使うことです。カメラのレンズのフレームでも、絵画の額縁でも、手で円を作って中をのぞき込むのでもかまいません。ガイドは来館者に厚紙製のファインダーを提供したり、親指と人差し指でスコープを作り、絵画の一部分を切り取って詳しく説明してもらったりしてもよいでしょう。いずれにしても、ちょっと見ただけではすまないような仕組みを用意することで、じっくりと鑑賞することを促すのです。

並置

最後に紹介する観察の方策は「並置（juxtaposition）」です。並置とは、単純にものを隣り合わせに置き、比較することで特徴を浮かび上がらせることを目的としています。スケールやスコープと同じく、方策と呼ぶのがはばかられるほどありふれたものです。しかし、それぞれの特徴をより明確にするためにあえて隣同士にものを並べると、方策として機能するのです。棚にものを並べるときに、お互いを引き立て合うことを意識するのは、並置という方策を使っていることになります。

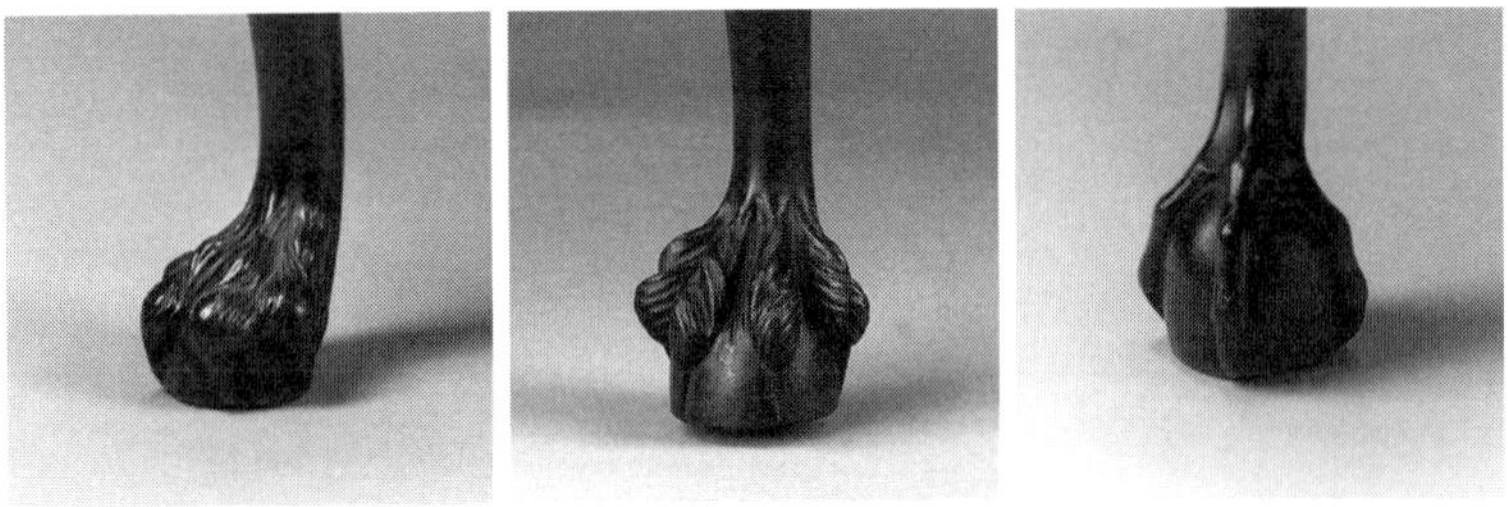

図2-6-1〔左〕　椅子［部分］、イギリス、1750-60年ごろ。マホガニー、ブナ。全体：94.6×59.1×48.9 cm（37¼×23¼×19¼インチ）。ボストン美術館。ジョシュア・クレーン・シニア夫人より夫の思い出として寄贈、30.726。
2〔中央〕　サイドチェア［部分］、1765-85年ごろ。所蔵場所 マサチューセッツ州ボストン。マホガニー、ソフトメープル、レッドオーク。全体：97.2×62.5×47.9 cm（38¼×24⅝×18⅞インチ）。ボストン美術館。プリシラ・クインシー・ウェルドより、母ルース・ドレイパー・ピータースと祖母アリス・ジェイムス・ドレイパーの思い出として寄贈。ボストンの彫刻家ジョン・F・パラミノを記念したエリザベス・マリー・パラミノ基金、アーサー・トレーシー・キャボット基金、アーネスト・カーン基金、ジョン・ウィーロック・エリオット・アンド・ジョン・モース・エリオット基金、アリス・M・バートレット基金、エドウィン・E・ジャック基金、1996.52。
3〔右〕　サイドチェア［部分］、1770年ごろ。所蔵場所 マサチューセッツ州セーラム。寄贈者 ナサニエル・グールド（アメリカ、1734-81年）。マホガニー、メープル、パイン。全体：93.3×56.5×45.7 cm（36¾×22¼×18インチ）。ボストン美術館。以下との交換資金により美術館が購入。メアリー・W・バートル、ジョン・W・バートル、アビゲイル・W・クラークの寄贈、トーマス・H・ウェラー博士夫妻の寄贈、スティーブン・S・フィッツジェラルドの遺贈、サミュエル・A・グリーン博士の遺贈、ギルバート・L・スチュワードJr. の寄贈、ダニエル・リスドン夫人の寄贈、メアリー・R・クラウニンシールドを記念してエリザベス・クラーク嬢の寄贈、クラーク・マキルウェイン夫人の寄贈、ラッセル・W・ナイト夫妻よりラルフ・E およびマイラ・T・ティベッツのコレクションの寄贈、エリザベス・シェイプレイの寄贈、ハリエット・A・ロブソン嬢の寄贈、ジョン・ガードナー・グリーン・エステートの寄贈、バーバラ・ボイルストン・ビーンの遺贈、キャサリン・W・フォコン嬢の寄贈、ジェロルド・H・バーネットとジョニ・エヴァンス・バーネットの寄贈、マーサ・M・エリオット博士の寄贈、2004.2062。
写真著作権：ボストン美術館、2017年

科学においては、動物学や植物学の分野がこの方策のわかりやすい例です。科学者は、研究用のコレクションのなかで、動物や植物の標本を並べて、種の違いや類似性を識別します。博物館はもちろんコレクションの宝庫であり、方策としての並置は博物館展示の要となります。植物標本であれ、絵画であれ、陶片であれ、来館者の注意を引くために学芸員が展示物の隣接関係を工夫しています。よくある例として、同じ画家が描いた絵画や、同じ地域や時代の画家が描いた絵画を並べて展示する場合は、並べられたものの違いは一目瞭然でしょう。一方で、並置を方策として用いることで、微妙な違いに注意を引くこともできます。

その好例として、ボストン美術館のアメリカ美術のエリアでは、一八世紀の椅子を並べて展示しています。椅子はすべて同じ様式で作られていて、一見するとほとんど同じに見えます。しかし、壁に貼られた解説パネルも補助的な手がかりにしながらよく見ると、標準的なデザインの特徴を家具職人がどのように解釈したか、その微妙な違いに気づくことができます。たとえば、すべての椅子には球形のものと鉤爪の脚がついています。これは当時の一般的なデザインで、椅子の脚の下部には鳥の鉤爪が彫られており、その爪が木の球を摑んでいます。ある家具職人は、球が爪のあいだで膨らむくらいにしっかりと握ったデザインを好みます。また、鳥の爪が球の上に軽く乗っていて、まるで鳥が降り立ったばかりのように見えるものもあります。この違いを見極めることでさらなる発見があり、一見すると何の変哲もない椅子の組み合わせが、並置されることで非常に魅力的なものに変わっていくのです。

ミュージアムガイドが案内しているグループは、そろそろ博物館疲労〔museum fatigue：博物館や同様の文化施設での展示を見ることで引き起こされる身体的、精神的な疲労の状態〕を起こしているのではないでしょうか。しかし、かれらが美術館のカフェテリアで軽食をとってリフレッシュしたならば、ミュージアムガイドは、もう少し絵画を見てもらうための方策として、並置をどのように利用するでしょうか。可能性は無数にあり、比較を使って指導する教育者なら誰でもそれを知っています。

たとえば、似ていると思われる二つの絵画を見つけ、その特徴がどのように似ていて、どのように違うのかを説明してもらう。ある展示室の全体を見て、すべての作品に共通する特徴と異なる特徴を探してもらってもよいでしょう。また、来館者自身が隣り合わせにしたい絵画を二、三点選び、並置を提案してもらい、その理由を説明してもらう。このどれもが有効に働くでしょう。しかし、この美術館の閉館は午後五時。そろそろツアーが終わる時間です。

方策の分析

この章で説明した観察の方策（カテゴリー、オープン・インベントリー、スケールとスコープ、並置）は、あらゆる状況に幅広く適用できます。高度な研究分野の専門家が高度な観察を行うために用いている一方、日常生活の多くの場面でも年齢を問わず用いられています。その幅の広さにもかかわらず、これらの方策は以下のような具体的で実行可能なガイドラインを示しています。カテゴリーを用いることで、どこを見るべきかがわかります。オープン・インベントリーを作成することで、ごちゃ混ぜの認識を捉えるための全体像が示されます。知覚のスケールとスコープを変えることで、新鮮な視点で物事を見ることができます。ものを並置することで、共通点と相違点を強調し、微妙な特徴を識別できるようになります。

それぞれの手法には固有のよさがありますが、二つの重要な特徴を共有しています。ひとつは、絵画や自然の一部、歴史的な工芸品、日用品など、ひとつのものをパッと見るだけではなく、じっくりと見ようとすることです。時間は人間の貴重な財産であり、ゆっくり見る力を養うためには、時間を惜しみなく使う覚悟が必要です。ミュージアムガイドが選択した方策は、来館者が期待したような見どころを紹介しながら美術館全体を案内するのではなく、その期待を拒み、十分な、本当に十分な時間をかけて見てもらうというものでした。

この章で取り上げた方策に共通する二つ目の、より技術的な特徴は、教育者が、段階的な指示ではなく、足場（scaffolding）と呼ぶものを提供することです。指示とは、何をすべきかを教えてくれるものですが、足場とは、自分で何かをできるようにサポートしてくれるものです。ここで紹介されている方策は、専門家が求める見方を鵜呑みにするのではなく、自分の目で見て判断することを促します。これはたんに私たちの意欲を高めるだけにとどまりません。人は自分の目でゆっくりと物事を見ることで、専門家の情報では伝えきれない複雑さや関連性を把握しようとするのです。これが、ゆっくり見ることがユニークな学習方法となる理由のひとつです。ゆっくり見ることと複雑さの理解との関連については、第8章で詳しく述べることにします。その準備として、次章では、まったく異なる四つの教育現場での「スロー・ルッキング」の実践について、いくつかの実例を紹介しましょう。

注

（1）動画は YouTube で見ることができるが、ここで内容を知った以上はゴリラを見てしまうだろうから、つまらないかもしれない。https://www.youtube.com/watch?v=vJG698U2Mvo.

（2）Carson, C. (2007, Feb.). Writing, writing, writing: The natural history field journal as a literary text. The Doreen B. Townsend Center for the Humanities. Retrieved from http://townsendcenter.berkeley.edu/article11.shtml.

（3）Scholz, J. (1960). Connoisseurship and the training of the eye. *College Art Journal 19*(3), 226–230.

（4）http://eol.org/ を参照のこと

（5）Whitman, W. (1892). Song of Myself. Retrieved from https://www.poetryfoundation.org/poems-and-poets/poems/detail/45477. 岩城久哲訳注『ぼく自身の歌』大学書林、一九九二年、一六一ページ

（6）Curtis, R. (1999). Outdoor action guide to nature observation & stalking. Outdoor Action Program, Princeton University. Retrieved from http://www.princeton.edu/~oa/nature/naturobs.shtml.

（7）Ibid.

第3章 スローの実践

二〇一三年一月一〇日、ジャーナリストで『ナショナル・ジオグラフィック』誌フェローのポール・サロペックは、ゆっくりとした、そして途方もなく長い距離を歩く旅に出ました。彼の旅は、世界最古の人類の化石が発見されたエチオピアのヘルト・ブーリから始まり、人類の古代の移動経路、つまり私たちの祖先がアフリカから世界に散っていったときに歩いた、古代の移動経路をたどります。この本を書いている時点で、ポールが歩き始めて五年目になります。彼のプロジェクトは、「アウト・オブ・エデン・ウォーク（Out of Eden Walk）」と呼ばれ、物語を綴るプロジェクトです[1]。アフリカから中東を経てコーカサスへ、シルクロードを通りアジアへ、さらにはロシアと北極圏へ、そしてアメリカ大陸の沿岸部を下ります。約一万二〇〇〇年前に人類が定住した大陸世界の最後の地、ティエラ・デル・フエゴ（Tierra del Fuego）で旅を終えるまで、一〇年間で二万一〇〇〇マイル以上を歩く予定だそうです。

ポールは、各地のウォーキングの仲間と一緒に、先を急ぐことなく歩きます。彼は、このプロジェクトのウェブサイトに定期的に記事を書き、投稿しています。彼のレポートは、はるかな過去と、何気ない風景にひそむ現在が織りなすプリズムを通して、その日の物語を伝えています。本章では、ポールの歩みをもとに、ゆっくり見ることに関わる二つの実践を探っていきましょう。まずは、スロー・ジャーナリズムと呼ばれる実践で、日々、速いペースで絶え間なく報道されるニュースのサイクルへの根本的な代替案となっているものです。もうひとつは、ポールの歩みに関連した教育プログラムで、世界中の若者が近所で、あるいはオンラインで、お互いにゆっくり見る練習をするというものです。

ポールは、スロー・ジャーナリズムの実験として「アウト・オブ・エデン・ウォーク」を考案しましたが、スピード感のあるニュースのサイクルもよく知っています。彼は海外特派員であり、ピューリッツァー賞を二度受賞し、世界の紛争地帯を数十年にわたり取材してきました。しかし、彼は「スロー」が自分の核にあり、常にそれに惹かれてきたといいます。そして、「正確さもさることながら、何よりもスピードを重んじるこの職業を選び、それを何とか自分の人生のペースに合わせてきたのです」と述べています。[2]

最近のポールの歩くスピードは、時速約三マイル（四・八キロ）。彼にはそれがちょうどよいのです。「アウト・オブ・エデン・ウォーク」の記事で彼は次のように説明しています。

地球を歩くことで、私は出発と到着にまつわる昔からの習慣を学び直しました。（キャンプ場を作り、そこに滞在し、リュックサックに荷物を詰め、それを解くという、昔からある心安らぐ習慣です。）私は、農家で収穫の残りを分けてもらいながら、味覚を通して風景を味わい身体に取り込んできました。そして、飛行機と車で地図を渡り歩く記者時代には考えられなかった形で、仲間との再会を果たしています。歩いていると、いつも人と出会います。無視することも、通り過ぎることもできません。私はかれらに挨拶をします。一日に五回、一〇回、二〇回と見知らぬ人と話をします。私は、こうしたあてのない、二つの半球をまたぐ時速三マイルの会話に魅了されているのです。このように、歩くことでどこにでも安らげる場所が作れるのです[3]。

ポールのスロー・ジャーナリズムは極端な例です。しかし、彼のようなジャーナリストは他にもいます。小さいながらも拡大しつつあるスロー・ジャーナリズム運動は、思慮深く、正確で、説得力のあるジャーナリズムの記事を書くには時間がかかるという単純な前提にもとづいています。ポールのスロー・ジャーナリズムは「歩行型」の例といえます。他のジャーナリストは、一度に数週間、数カ月、あるいは数年ものあいだ、その土地にどっぷりと浸ります。また、家に滞在して、地域の人びとや場所にゆっくりとレンズを向けるジャーナリストもいます。たとえば、地域のスロー・ジャーナリズムの素晴らしい例として、『ニューヨーク・タイムズ』誌に一年間にわたって掲載された五四話のシリーズ「八〇〇万分の一（One in 8 Million）」があります[4]。各ストーリーは、ニューヨーカーの三分間の日常のミニチュアポートレートで構成されています。写真家のトッド・ハイスラーによるモノクロ写真がゆったりと続き、その人物へのインタビューの抜粋とともに物語は語られます。陪審員や動物救助隊員、酒場で喧嘩をする酔客、結婚式場の衣装係、市長のお手伝い、会計士、一人っ子、スポーツファンなどの声を聞くことができます。物語は簡潔ですが、のんびりとしています。写真と声とが一体となって、一人ひとりと本当に長い時間を過ごしたかのような感覚が生まれます。

スロー・ジャーナリズムには、文字を基本とした記事や、写真、映像、音声などからなるマルチメディアのエッセイなど、さまざまな形態があります。トピックの複雑さに読者を深く広く引き込む長編ジャーナリズムもあれば、小さな瞬間や体験に読者を没頭させる短編や中編のレポートもあります。しかし、どのような形であれ、それぞれに独特の持ち味があります。数年前、「スロー・ジャーナリズム」という言葉が使われ始めたころ、ジャーナリストのマーク・バーキー＝ジェラルドは、それがどのように語られているかを検討し、今日でも通用する暫定的な定義を以下のように示しました。

スロー・ジャーナリズムは
・競争に勝つことに執着しない
・速さや一番であることだけでなく、正確さ、品質、文脈を重視する
・有名人や大事件、記者が押し寄せ取材するような出来事を避ける
・物事を見極めるのに時間をかける
・語られていないストーリーを探し求める
・語りの力に頼る
・視聴者を協力者と見なす⑤

バーキー＝ジェラルドの定義が示すように、スロー・ジャーナリズムはスクープを狙ったものではありません。また、一般的にハードニュース〔重大な話題や出来事を扱うニュース〕と呼ばれるもののような、早口であったり、いかにも客観的であるかのように装ったりといった特徴もありません。スロー・ジャーナリズムは、ほとんどの物語は見出しをつけて始まったり終わったりはしないという信念にもとづいています。つまり、実際の物語というのは人びとやコミュニティの実生活全体に広がっていて、明らかにするには時間がかかるのです。スロー・ジャーナリズムの代表者として知られ、スロー・ジャーナリズムに全面的に特化した雑誌『ディレイド・グラティフィケーション（Delayed Gratification）』の編集者であるロブ・オーチャードは、TEDx〔アイデアがすべてを変える、という精神にもとづいて世界各地で運営されているプログラム。TED＝Technology

Entertainment Design」での講演で、スロー・ジャーナリズムとは「一番乗りではなく、正しくあること」であり、最終的には「時間をかけて質の高いことをする」ことだと説明しています。(6)

スロー・ルッキングと同様に、スロー・ジャーナリズムとは、一見しただけではわからないものを発見することです。この意味での「遅さ」とは、決められたペースを維持することではなく、学者でマルチメディア・ジャーナリストのベンジャミン・ボールがいう「適切な時間」を取ることなのです。

スロー・ジャーナリズムとは、特定の文字数や長さ、制作時間を達成することではなく、視聴者に届くこと、また、技術的に視聴者に届くだけでなく、視聴者を知的にも感情的にも魅了することが重要である。「スロー」とは、持続時間や速さではなく、コミュニケーションの範囲や道徳的な傾向を表している。(7)

ボールの発言は、「スロー」が二つの意味で機能することを指摘しています。ジャーナリズムの実践としては、ニュアンスに富んだ記事を生み出すために、スロー・ジャーナリストが注意深く見たり聞いたりすることを意味します。一方、「スロー」は視聴者や読者によっても実践されます。というのも、スロー・ジャーナリズムは、視聴者や読者にある物語や場面のなかにとどまり、そこに少し身を置くように促すからです。たとえば、「八〇〇万分の一」のフォト・エッセイは、ニューヨーカーの日常生活のなかに一瞬ですがじっくりと身を置かせてくれます。

ポール・サロペックにとってのスロー・ジャーナリズムの「適切な時間」は、長さも形もさまざまです。「アウト・オブ・エデン・ウォーク」に掲載される文章は、およそ二週間ごとに投稿され、通常六〇〇―一〇〇〇語程度です。

「かれらが遺したもの（The Things They Leave Behind）」では、中東での仕事を求めてアファール砂漠を紅海に向かって夜通し歩く出稼ぎ労働者の話を紹介しています。「電気のオアシス（Electronic Oasis）」では、若いエチオピア人技術者を紹介しています。彼は、砂漠に臨時の充電ステーションを作り、遊牧民がラクダや荷物とともにやってきて、数セントで携帯電話を充電できるようにしています。また、「コーカサスの忘れられた村は一九八九年のまま（It's Always 1989 in a Forgotten Caucasus Village）」では、アゼルバイジャン最後のソビエト式農場の管理者とお茶を飲むために、かつては活気に満ちていたものの今では空き家の多い農村に立ち寄っています。

ポールは、定期的な配信に加え、矛盾しているように聞こえるかもしれませんが、非常に短い形式のメディアを通じて、スロー・ジャーナリズムの実験も行っています。ポールは一〇〇マイル歩くごとに立ち止まり、彼が「マイルストーン」と呼ぶ、風景や近くで出会った人物の記録を作ります。「マイルストーン」は、いくつかのきわめて短い要素で構成され、それらが一体となって読者をゆっくりとした時間と場所の体験に引き込みます。まず、その場所の写真と、二、三文の紹介文、地理的な座標があります。そして、ポールが一カ所でゆっくりと回りながら撮影した三六〇度スクロール可能なパノラマ写真と、彼の頭上の空と足下の大地の写真が続きます。次に、砂漠に吹く風、アスファルトに降る雨、枯れ草を踏む足音、トラクターのうなる音など、その環境を視覚と聴覚で捉えた一分間のビデオ「グランス（glance）」。最後に、その場所から六マイル以内でポールが最初に出会った人物の写真と、簡単なインタビューが置かれます。彼はいつも同じ三つの質問をします。あなたは誰ですか、どこから来ましたか、どこへ行くのですか、と。以下は、キプロスのピラ付近で、歩き始めて二一個目のマイルストーンで二二歳の出稼ぎ農民と出会ったときのものです。(8)

——あなたは誰ですか

私はジャスカーラといいます。

——どこから来ましたか

ナワーンシャフル（Nawanshahr）です。インドのパンジャーブ州にあります。キプロスはとてもいい国です。ここには農場で働いている友だちが二、三人います。私は働きに来ています。お金のためです。

——どこへ行くのですか

もう一年したら家に帰ります。自分の店を開きたいんです。衣料品店です。それが私の夢です。

これらのマイルストーンは、非常に短い瞬間のコラージュであり、徹底してローカルな時間と場所のゆったりとした体験に読者を引き込むのです。一方で、以下の点でグローバルな性質も持ちます。それぞれのマイルストーンは、ポールが地球上を歩きながら作り上げている世界規模のマイルストーンの一部であり、世界中の読者を対象とし、そのほとんどは、地理的・文化的境界を越えて人びとの心に共感を呼んでいます。ローカルなものをゆっくりと探究することでグローバルに人と人をつなぐというこのテーマは、ポールのジャーナリストとしての仕事において一貫しています。また、このテーマは、彼の「アウト・オブ・エデン・ウォーク」プロジェクトと、若者のためのオンラインによるグローバル教育プログラムとを結ぶものでもあります。

ポールとプロジェクト・ゼロ

二〇一二年の秋、「アウト・オブ・エデン・ウォーク」の準備の最後の数カ月間、ポールは自分のプロジェクトに教育的要素があるのではないかと考えました。自分は教育者ではないといいつつも、このプロジェクトが自身にとって学びの旅になることはわかっていたし、若い人たちにとっても同じような目的を果たすことができるのではないか、と。具体的なアイデアがあったわけではありませんが、配信記事を教材にして地理や世界史の授業をするような勉強型のプログラムにはしたくない、ということはわかっていました。その代わりに、「歩くこと」の哲学の精神を共有できるようなものがいい。そして、偶然にも、ハーバード大学教育学大学院の機関であり、革新的な教育プロジェクトの長い歴史を持つ「プロジェクト・ゼロ（Project Zero）」にたどり着いたのです。そこは、たまたま私が働いているところでもありました。

私は、同僚と初めてポールに会ったときのことを覚えています。彼が準備しているプロジェクトについての興味深いメモを送ってくれたので、私たちは彼をオフィスに招き、もう少し詳しく話を聞くことにしました。彼が到着すると、私たちは小さなオフィスに集まり、ノートパソコンを前に体を少し丸めるように座っている、細身で真面目そうな男性を囲みました。しばらく話をしたのち、ポールの「アウト・オブ・エデン・ウォーク」の展望と、「プロジェクト・ゼロ」の学習についての考え方が強く共鳴することがわかりました。具体的には、ゆっくり見ること、注意深く聞くことの価値に対する深い信頼、物語を通した学習の重要性への傾倒、そして地理や文化を超えた有意義な対話を促すことへの熱い思いを共有できたのです。

さらに幸運なことに、アバンダンス財団（Abundance Foundation）という小さな先進的な慈善団体が、私たちが意気投合したことを知り、この対話に参加してくれました。スティーヴン・カーンが率いるアバンダンス財団は、健康や異文化交流、芸術の分野で教育活動を支援しています。救急医であり、世界の若者のエンパワーメントに強い関心を持つカーンは、「アウト・オブ・エデン・ウォーク」と「プロジェクト・ゼロ」のコラボレーションに可能性を見出し、教育プログラムの開発を支援することに同意してくれました。こうして、のちに「アウト・オブ・エデン・ラーン」プログラムへと育つ種が蒔かれたのです。プロジェクト・ゼロの三人の研究者が、このコンセプト作りとプログラムの構築に参加し、それぞれがとくに注目したい点を持ち寄りました。リズ・ドウ・デュライジンは、歴史教育の背景を持ち、若者が自分自身の人生の物語をより大きな人類の物語に結びつける手助けをする方法に特別な関心を抱いてプロジェクトに参加しました。キャリー・ジェームズは社会学者で、若者のオンライン交流の市民的、道徳的な側面の調査に強い関心を持っていました。私は、考えることについて教えるためのプログラムを開発した経験があり、また、当然ながら「スロー・ルッキング」に興味を持ってこのプロジェクトに参加しました。

今年〔二〇一七年〕で五年目を迎える「アウト・オブ・エデン・ラーン」は、世界中の生徒をつなぐオンライン文化交流プログラムです。ポールの歩みを中核にしていますが、それ自体はジャーナリズムのプログラムではありません。スロー・ジャーナリズムとプロジェクト・ゼロの「学習」についての考え方が交錯するテーマから着想を得ています。その三つのおもな目的は、生徒たちに以下について促すことにあります。つまり、①ゆっくりと世界を観察し、他者の話に耳を傾ける。②人や場所、アイデンティティに関する話や観察を交換する。③自分自身の生活が大きな人類の物語とどのように結びついているかを考える、です。

ポールが歩いた道と同じように、「アウト・オブ・エデン・ラーン」も人びとの心を捉えました。本書を書いている時点で、世界五七カ国の一〇〇〇以上の教室で、二万人以上の生徒がこのプログラムに参加しています。このプログラムでは、世界中の教室が小規模で多様な学習グループ（私たちはこれを「ウォーキング・パーティ」と呼んでいます）に集められ、一二週間のカリキュラムをともに学びます。このプログラムには、未就学児から高校生までが参加し、各ウォーキング・パーティは、地理的、文化的、社会経済的な多様性を考慮して選ばれた、年齢の近い生徒からなる約八つのクラスで構成されています。カリキュラムは、前述のテーマに関連した活動を毎週行うというものです。生徒たちは近所をゆっくり歩き、他の生徒たちと共有したいことを記録します。インタビューをしたり、近所の人の話を聞いたり、自分たちの地元とより広い世界とのつながりを探ったり、現代のグローバルな問題を調べたりします。そして、自分たちの活動を「アウト・オブ・エデン・ラーン」のオンラインプラットフォームに投稿し、同じグループの他の生徒と視点やアイデアを共有するのです。このプログラムは無料で提供されており、教師たちはこのプログラムを自分のクラスでどのように採用するかについて創意工夫して、幼稚園や小学校の教室、英語と文学のコース、毎週の技術科の授業、ランチタイムや放課後のクラブ活動、ふだんの歴史や社会科の授業など、さまざまな教育現場で活用しています。

「ゆっくり見る」という観点からの「アウト・オブ・エデン・ラーン」のプログラムの特徴は、まず近所や身の回りのものや人など自分の周囲をゆっくり、じっくり見ることで、人間文化を探究するよう生徒を誘う点、そして、その「スロー」のよさを、ウォーキング・パーティの他の若者とのオンライン交流に持ち込める点にあります。重要なのは、「アウト・オブ・エデン・ラーン」は、若者たちに携帯電話やコンピュータを捨てて、「スロー」の方を選ぶよう求めているわけではないことです（ポール・サロペックも電子機器を捨てておらず、多くのスロー・ジャーナリストも同様です）。それよりも、写真やビデオから鉛筆と紙まで、目的に合ったメディアを使って、見たものを観察し、描写することを勧めているのです。

同僚と私が「アウト・オブ・エデン・ラーン」を開発したとき、「スロー」を強調することは、生徒がふだん学校で経験することとは相容れないと気づいていましたが、生徒に「スロー」中心の活動に魅力を感じてもらいたいと期待していました。しかし、生徒たちがこの活動をどれほど熱心に受け入れてくれるかは予想していませんでした。その結果、世界中の若者が「ゆっくり」に飢えていることがわかりました。多くの生徒から寄せられた言葉のなかで、たとえば一二歳の生徒は、「ゆっくりして、もっと注意してみると、まわりにまったく新しい世界が広がります」と語っています。一四歳の生徒は、「時間をかけて調べてみると、ものごとがどう見えてくるのか、本当にふしぎです」と報告しています。また、別の生徒の観察によると、

この現代に生きる人びとは、ゆっくりと周りを見回すことはほとんどありません。もちろん、道路の真ん中でそんなことをしてはいけませんが、公園のような他の場所でならできます。残念ながら、世界はいつもいそがしく動いていて、自分たちのいるすばらしい世界を見るために速度を落としてはくれません。(9)

（一〇歳、ガーナ、アクラ）

これらの感情は、加速する現代の生活と若者のひどく短い注意持続時間についてよくいわれることとはまったく対照的です。生徒たちの生活はメディア――とくにソーシャルメディア――に煽られ、ペースが速く、ゆっくりすることに興味がない、とよくいわれます。「アウト・オブ・エデン・ラーン」のプログラム以外では、明らかにそうでしょう。いったい何が起こっているのでしょうか。

この疑問に対する答えは推測可能なものです。私も同僚も推測はしています。しかし、「プロジェクト・ゼロ」では私たちは教育研究者であり、研究にもとづく答えを求めるのは当然のことでした。その結果、私たちは二つの関連するデータソースがあることに気づいたのです。ひとつは、「アウト・オブ・エデン・ラーン」プログラムの修了生全員が受けるオンライン調査の結果です。このアンケートでは、プログラムに対する印象について一般的な質問を投げかけていますが、その回答のなかで、生徒たちはしばしば「ゆっくり

見る」ことについて触れています（たとえば、前の段落の引用は、生徒のアンケートからです）。もうひとつは、「アウト・オブ・エデン・ラーン」のプラットフォームに投稿された、ゆっくりと集中する活動に参加した生徒の実際の作品です。たとえば、近所の散歩や日常の記録について投稿した写真とそれに付随するコメントなどです。私たちは、この二つのデータソースを詳しく検討してみることにしました。生徒のアンケートからは、生徒が「スロー」について何をいっているのか、生徒の作品の分析からは、生徒が「ゆっくり見る」を実践するさいに実際に何をしているのかがわかるかもしれません。

その結果、生徒の発言と行動がかなり一致していることがわかってきました。生徒のアンケート調査と生徒の作品分析の両方において、データは同じ四つの大きなテーマに分類されます。この四つのテーマを組み合わせることで、生徒が「スロー」の何が好きだといっているのか、そして実際にどのように経験しているのか、ということがきめ細やかに見えてきます。本章の残りの部分では、これらの調査結果の一部を紹介しましょう。

スローの四つの方法

四つのテーマとは、「新鮮な目で見る」、「視点を探る」、「細部に気づく」、「精神的な幸福感」です。それぞれのテーマは、他のテーマとは概念的に異なる特徴を持っており、生徒自身もユニークなものだと認識しています。しかし、それぞれのテーマには実際には重なる部分があります。たとえば、ある生徒は自分の住む地域をゆっくりと注意深く観察し、その俯瞰図を描きました。その絵を見ると、夕暮れどきのポーチの灯りや、近くを飛び回る蛾など、微妙な細部に気づいていることがわかります。

そのため、彼女が描いた地図は「細部に気づく」というカテゴリーに入れられます。さらに、この生徒の地図には、彼女が「蛾の目線」と呼ぶ、ユニークな視点を探究していることが示されています。そのため、この地図は「視点を探る」のカテゴリーにも分類されます。しかし、生徒の回答が複数のカテゴリーにあてはまることはあっても、それぞれのテーマは概念的に個別のものです。以下、それぞれのテーマについて順を追って説明しましょう。

新鮮な目で見る

世界中にはたくさんのそれぞれ違ったすばらしいものがあること、そして、立ち止まって周りを見て注意してみると、家のすぐ外にだってすばらしいものがあることを知りました。

（一二歳、ガーナ、アクラ）

若者がスロー・ルッキングを実践し始めると、見慣れた世界が突然、新鮮な目で見られるようになり、まるで自分の周りの世界が新しく開かれていくような感覚を味わうことがよくあるようです。ムンバイのある高校生は、学校からの帰り道で、理容師が髪を切っている姿や、少年たちがスティックボール〔ゴム製のボールをほうきの柄のような棒で打つ、野球によく似た路上スポーツ〕をしている姿など、何百回となく見てきた街角の風景の細部に気づきます。アメリカの小学五年生は、父親と一緒に車に乗って、近所に駐車場がたくさんあることに気づき驚いています。ギリシャのピレウスに住む幼稚園児は、これまで気づかずに毎日跳ね回っていた園庭の隙間から芽を出した小さな植物を見つけ、驚いて嬉しさに身をかがめます。

生徒たちは、こうした体験を表現する言葉を難なく見つけ出します。ある生徒は、こんなふうにいっています。

何をしているときでも、立ち止まって周りを見る時間を持つことを学びました。そのおかげで、私の近所ではさまざまな発見がありました。今まで見たことのないような家や人にも出会えました。私はふだんとても忙しい人間なので、これは新しいものを発見するのに役立ちます。

（一二歳、アメリカ、カリフォルニア州ロサンゼルス）

別の生徒は、ウォーキング・パーティのメンバーと共有するために、写真にこんなメモを添えてネットに投稿しています。

私は立ち止まって周りのものを見たことがないので、この写真を見て自分の住んでいるところの考え方が変わりました。それから、人がほんとうに気づかないようなこと、たとえば石ころなどにも気づきませんでした。

（一〇歳、アメリカ、イリノイ州シカゴ）

また、別の生徒はこう書いています。

私はこれまで、ものの見方はひとつだけだと思っていました。たとえば、私はよく川に行って川を見ます。今回見たときには、ミズグモや木が水にうつっているようすなど、細かいところにまで気がつきました。……ちょっとしたものでも、じっと見ているといろいろなものが見えてきます。

（一〇歳、アメリカ、コネチカット州ウェスト・ハートフォード）

これらの発言からわかるように、新鮮な目で世界を見ることは、生徒たちにとってたんなる技術的な練習ではありません。むしろ、自分の住んでいる地域をゆっくり歩くという体験は、魅力的でやりがいがあり、時にはスリリングでさえあると報告しています。

これは、かれらだけにとどまりません。新鮮な目で世界を見ることに価値があるという考え方は、哲学的な知恵や創造的な実践の柱となっています。その方法についてのアドバイスは、たとえば慣れ親しんだものを見たことがないものとして見たり、日常的なものを新しい枠で捉え直してみる、平凡な風景に隠されたものを探してみるなど数多くあります。このようなアドバイスは何千年も前からありますが、何度も思い出す必要があるのは、こうしたアドバイスが人間の知覚に関する長年の問題に対応するものだからです。つまり、私たちは世界を理解するために精神的な概念やカテゴリーを必要としますが、まさにこれらが予想外のものを見るのを妨げているのです。作家のマルセル・プルースト〔一八七一―一九二二〕は、「真の発見とは、新しい景色を探すことではない。新しい目で見ることなのだ」という有名な言葉を残しています。

視点を探る

日常的な知覚の流れを発見という行為に変える方法のひとつが、見る角度を意図的に変えることです。「アウト・オブ・エデン・ラーン」の生徒たちは、このことをすぐに発見し、かれらの「ゆっくり見る」というアプローチのなかで大きなテーマとなっています。ある一〇歳の子どもは、「何かを別の角度から見ると、まったく別のものになることがある」と説明します。たとえば、ある一二歳の子は、「道を渡って、腹ばいになって、自分の家を見上げる写真を撮りました。かっこいい自然がたくさんあって、葉っぱがたくさんあることにびっくりした！」。別の一〇歳の子どもは、裏庭のフェンスのそばで、「カメラをかたむけると、フェンスがずっと続いているように見えた」と報告しています。

「アウト・オブ・エデン・ラーン」のカリキュラムの初期の活動のひとつに、生徒が近所をゆっくり散歩するというものがあります。そのさいの課題は、気になったものを写真に撮り、その写真をオンラインで仲間と共有する、というものです。生徒たちの写真を見ると、さまざまな物理的な視点を探究しようとする熱意が伝わってきます。コイが泳いでいるところや砂の質感を捉えるために姿勢を低くして撮影する。落ち葉の葉脈の格子模様に注目し、身を乗り出す。屋根に登って空の景色を撮影する。遠くの丘の手前にぼんやり見える小さな石ころを撮るためにしゃがむ。手すりにかがみ込んで階段の吹き抜けをのぞき込む……。木を這う虫の目線でパチリ。道路に寝そべって空を見上げ、交差する電線の幾何学的な形状を捉える。岩やレンガ、木の皮やくしゃくしゃの紙、道端の露天商のカラフルな商品などをクローズアップして撮影。雲や祈りの旗、交通渋滞の遠景を撮る。早朝の歩道の雨にぬれた路面で夜明けを捉える、などです。

物理的に異なる視点を取ることで、生徒たちの意識も変化することがよくあります。ある生徒は、学校の屋上に登って写真を撮り、次のように振り返りました。

私は、異なる視点から物事がいかに違って見えるかを示すためにこの写真を撮りました。今まで見たことのない場所から、自分の学校のキャンパスを眺めているところです。ふだんの私の日常的な視点からは、車の多い道路に向かう曲がりくねった暗い道と、キャンパスを包み込むように広がる灰色の森しか見えません。でも、ここにいると、すべてがよく見えるし、遠くまで見渡せるし、いつもと違う心持ちで物事を考えることができます。物事の本当の姿を知るためには、生活のなかでさまざまに異なるあらゆる視点を考慮に入れる必要があるのだと、ちょっと考えさせられました。

（一五歳、アメリカ、イリノイ州クリスタルレイク）

この生徒は、哲学的な気分で、考え方を変えることで得られる「より遠くを見ること」を大切にしているようです。しかし、「アウト・オブ・エデン」の多くの生徒がそうであるように、「物事の本当の姿」を見るためには、ひとつの壮大な視点からではなく、万華鏡のようにさまざまな視点から世界を見る必要があることを理解し楽しんでいるようです。ポール・サロペックもそう考えています。彼は、さまざまな国や土地を

図3-1　出典:生徒、12歳、アメリカ、カリフォルニア州バークレー

図3-2　出典:生徒、15歳、アメリカ、イリノイ州クリスタルレイク

歩きながら、ふだんとは違うさまざまな物理的な視点、とくに自動車が普及した世界での地面すれすれの視点を見せてくれます。また、彼の発信する記事は、彼が出会った人びと（店主、職人、移民労働者、地元のウォーキングガイド、難民、農民など）の目を通して見るよう私たちを誘います。

ポールは世界を歩き回って視点を探っていますが、それは数ブロックの街のなかでも簡単にできることです。アレクサンドラ・ホロヴィッツは、『見ること（On Looking）』という著書のなかで、歩くことと見ることを見事に融合させて、視点を変えるさまざまな散歩に連れて行ってくれます。[10] この本は、彼女が生まれ育ったニューヨークを中心に、「専門家の目」で周囲をよく見ることを助けてくれる一一人の同行者と一緒に、一一種類の散歩をするというストーリーです。都市人類学者との散歩では、ホロヴィッツは、信号待ちで横断歩道を渡る歩行者が突然見せる集団行動（ルール：グループと一緒にいるけれども、他の人とは一定の距離を保つ）に気づくようになります。地質学者との散歩では、オフィスビルの石灰岩の面に三億年前の足跡の化石がないかどうかを注意深く調べることを学びます。ホロヴィッツが飼っている犬（犬であることの専門家である）と街角を歩くと、彼女は、地面を見て人間の活動と犬の活動の痕跡を確認することを学びます。たとえば、商業ビルの前に散乱するタバコの吸殻は、先ほどまで昼休みだったことを示しています。また、柱の根元に何層にも重なった尿の跡は他の犬がここを通った痕跡を示している、という具合にです。ホロヴィッツは、「アウト・オブ・エデン・ラーン」の生徒のように写真を撮っているわけではありませんが、新しい視点を探るたびに、見る角度を変えているのです。そして、新しい同行者の目を通して、彼女は街の細部の新たな層を発見するのです。

細部に気づく

アメリカ・マサチューセッツ州の小学五年生は、「アウト・オブ・エデン・ラーン」プログラムの締めくくりとして、木の皮、浜辺の石、草の葉、自分の姿など、自分がよく観察していたものをじっくりと時間をかけて撮影した短編映像を制作しました。この映像は、彼女自身がナレーションを担当し、視聴者に直接語りかけます。「あなたはこれまで、何かを見ていても、それが本当に見えていなかったという経験がありますか」と彼女は問いかけます。そして、「私たちは毎日、細かいところに気づかずにもののそばを通り過ぎています」と。この冒頭の言葉は、ホロヴィッツの本の前提と共鳴しており、「アウト・オブ・エデン・ラーン」の生徒の多くがいっていたものかもしれません。「スロー・ルッキング」は、第一印象を乗り越えるということであり、当然、細部にまで目を向けることになります。その経験を生徒たちは楽しんでいるようです。イリノイ州に住む一二歳の生徒は、「毎日が冒険のようです。どんな小さなものでも調べているから」といいます。細部の精巧さが魅力なのでしょう。もう少し例を挙げると、一三歳の女の子が、ウォーキング・パーティで他の生徒たちと一緒に撮った写真に添えた次のようなコメントがあります。

家から出て、まず気がついたのは、家ごとに門の色や形がちがうことです。一日中、空は鳥でいっぱいです。鳥が一カ所に集まってもようを作った写真を一枚見てもらえたらわかると思います。どの家にも木があり、家の外にはいろいろな植物があるのがわかると思います。太陽が出てくると、道路にいろいろな木々の形のもようがあらわれます。散歩の終わりの方で、果物の屋台や風船がかわいらしく見えました。その形も果物のように見えました。

（一三歳、パキスタン、ラホール）

この生徒は自分の撮った写真について説明していますが、その説明にはたんなる事後報告以上のものがあります。説明するなかでも、その光景の詳細にどんどん気がついていることが感じられます。まず、鳥がたくさんいる空の模様、次に道に生えている木々の形の模様、そして最後にかわいらしい「果物の屋台や風船」です。このような集中的な記述の積み重ねが重要で、次の章で見るように、記述という行為自体がゆっくり見ることの一形態なのです。生徒たちにとっては、それがスロー・ルッキングの最大の楽しみのひとつでもあります。一〇歳の生徒が記したように、「身近なところを深く掘り下げて、小さな小さな細かいところに目を向けてみましょう。そうすると、時間をかけなければできないような素晴らしいことに気づけます」。

ここで注目すべきは、生徒たちが細部に着目しようとするとき、前章で述べたような視野を広く取る観察の方策をしばしばくだけた形で用いていることです。たとえば、スマートフォンの細部を観察するために、インベントリーの方策を使っていると思われる生徒の発言を紹介します。彼女の観察がどのように展開され、インベントリーが作成されていくのか耳を傾けてみましょう。

> このiPhoneで気づいたことは、長方形でポケットにぴったり入るサイズだということです。下の方の真ん中に丸いボタンがあって、これがホームボタンです。その表面はとてもなめらかです。上の方の中央には二つの円があり、ひとつは真ん中にあり、もうひとつより少し上にあり、やや大きめです。それが自撮りカメラです。下にあるもうひとつの円の近くには、両側面が丸い長方形があります。
>
> （一三歳、シンガポール）

観察の方策の別の例として、カリフォルニア州ダンビルに住む一〇歳の生徒は、スケールとスコープの方策を使い、拡大して細部に新たな発見をしているようです。彼女は、「花に近づいてさつえいすることで、ピンクっぽい小さな葉や真珠のような白い色など、花の細かいところが見えてきます」と語っています。

前章で紹介した「並置」は、フロリダの生徒が近所の公園で見つけた白い蘭の花を描写するさいに登場する方策です。彼女は「明るい星のようで、沼地の中間色と対照的です」といっています。
観察は目で見るだけではなく、生徒たちはいくつかの感覚を使って細部を発見しています。ある生徒は、触覚、聴覚、視覚を使って、泳いでいるときの多感覚的な様子を次のように詩的に表現しています。

柔らかな風がすっと通り抜け、私の肌を癒してくれる。通りには誰もいないし、車もない。木々のぎゅっと詰まった葉が風に吹かれて揺れている。海は波立ち、音を立てて私の足元まで打ち寄せる。そよ風が砂をなでると、砂は冷えやがて固い大地となっていく。水は冷たく、氷の破片が顔にあたるかのようだ。外に上がると、水はひんやりとして、冷たい風が私を包み、体が震える。

（一四歳、アメリカ、マサチューセッツ州セーラム）

図3-3　出典：生徒、10歳、アメリカ、カリフォルニア州ダンビル

ゆっくり見ることには、典型的な順序や自然な展開の仕方があるのでしょうか。おそらくあります。前述の例では、新鮮な目で物事を見ることから自然な流れで、細部に気づくことができているようです。いったん生徒の注意が向けられると、生徒たちは長い時間をかけた識別の体験に簡単に引き込まれ、小さな細部や違いに気づき、特徴や区別を明らかにし、自分を取り巻く世界の驚くべき特異性に気づくことに喜びを感じます。この特異性への喜びは、大人も同様です。たとえば、通の人たちは、味覚や視覚でもっとも微細な違い

を見極めることを楽しみ、画家は、見たものの細部を愛情を込めて表現することに喜びを感じ、詩人は、的確な言葉を見つけることで満足し、ジャーナリストは、ごく小さな細部に注目することで力強い印象を引き出すことで満足するのです。

草の種類は多岐にわたる。カザフ語では jusan、jabaya、mortik、kuosik、mundalak などほかにも多数ある。灰緑色やエメラルド色、レモンのような色、明るい黄緑色などがある。花が咲くものも多い。

（ポール・サロペック、カザフの草原を渡る[11]）

私は、角を曲がると、日陰になった広い通りに出た。近くで発電機の音がして、地平線の向こうではサイレンが鳴り響き、散歩に引きずり出される小型犬の足の爪がコンクリートをこすり、その他の音は空気に溶け込んでいた。

（アレクサンドラ・ホロヴィッツ、ニューヨークで盲目の女性と歩く[12]）

精神的な幸福感

四つ目の、そして最後のテーマは、生徒の「スロー」の経験に関するもので、前述の三つのテーマとはやや質が異なるかもしれません。しかし、互いに響き合っていることは生徒たちの言葉から聞き取ることができるでしょう。それは、精神的な幸福感です。簡単にいえば、生徒は、ペースを落とすことで、生きていく上で何が大切かを思い出すと語っています。そしてしばしば、ゆっくり見ることを安らぎの感覚と結びつけているのです。たとえば、オレゴン州ビーバートンに住むある生徒は、近所を散歩したときのことを振り返りこう述べています。「すべてが生き生きとしてひとつになり、世界が平和で穏やかなものになっていました。散歩をしたほんの数分のことでしたが」。ボルチモアの生徒は次のように語っています。「外に出て近所をぶらぶらしていると、とても平和な気分になりました。ペースを落として周りを見渡すのは本当に気持ちがいいです」。これに関連して、生徒たちはしばしば「スロー」がテクノロジーに対する解毒剤になると振り返っています。ブラジルのサンパウロから参加した生徒は、「携帯電話を何分か手放すと、気持ちをリフレッシュできますよ」とアドバイスしています。あるカリフォルニア州の生徒はこういいます。「長いドライブ旅行のときは、携帯電話に目を落とすのではなく、窓の外に目を向けるべきだと学びました」。

多くの生徒にとって、ゆっくり見ることは、自然体験を通じた幸福感をもたらしてくれます。実際、生徒たちのスローについての考えに、自然が与える影響は際立っています。「アウト・オブ・エデン・ラーン」では——五大陸どこでも、どの学年も、農村部や都市部のどの場所でも——生徒たちは自らを取り巻く自然界の写真を撮ることを楽しんでいます。かれらのコメントや写真を見ると、自然によって気分が高揚し、思考力を大いに刺激され、そして何よりも美しいと感じていることがわかります。その典型例として、オーストラリアのアデレードに住む生徒は、「道端に咲いていた野生のヒナギクの花」の写真を共有し、「そのあふれんばかりの生命力に驚かされました」と投稿しています。彼女は続けます。「誰も世話をしないのに、他にはない美しさを見事に開花させています」。また、インドネシアのセルポン出身の生徒は、「人間が作ることのできない自然の美しさを考えると、とても驚かされます」と感想を述べています。

このように、生徒たちの精神的な幸福感は、自然のなかに美を見出すこととしばしば結びついており、「美」というテーマがかれらの発言には多く含まれています。生徒たちはこのような経験を、発見の行為であると表現することが少なくありません。「近所を歩いていたら、今まで見落としていた美しさに気づいて、本当にびっくりしました」と五年生の生徒はいいます。また別の生徒は、このカリキュラムでの経験を振り返って、「私は、生きていくなかで多くの美しさを見落とし、見逃していること、そして時には、ペースを落としてそれを観察するのがよいことだと学びました」と語っています。

このような発見の感覚が、これまでに述べた「ゆっくり見る」こととしばしば結びついているのは驚くにはあたりません。生徒たちは、新鮮な目で自分の住んでいる地域を見る、いつもは通り過ぎてしまうものの細部に気づく、日常の風景をいつもと違う視点から写真に撮るなどして美しさを発見しています。重要なのは、生徒たちは「美」を発見し、鑑賞すること自体によさがあると感じているように見えることです。これは当たり前のことかもしれませんが、一般的な教育活動と照らし合わせて考えてみると、とても興味深いことです。公教育の多くは、満足感を得るのを遅らせるような活動です。たとえば、試験に合格するために一生懸命勉強する、大きなアイデアに到達するために事実を暗記する、高度な実践に到達するために機械的な手順を憶える、などです。それに対して、ゆっくり見て世界の美しさを知ることには、それだけで価値があることを生徒たちは直観しているようです。それ以上の正当化は必要なく、何らかの目的のための手段でもないのです。

生徒たちの精神的な幸福感の最後の側面は、前述の多くのコメントに暗示されています。それは、ゆっくり見ることは、自分自身の生き方を振り返る機会を与えてくれるということです。「私は毎日この場所を通っているのに、立ち止まってこの美しい風景を見たことがありませんでした」と、ある生徒は思いをめぐらせます。「この風景を見ていると、自由な、そして満たされた気分になります。自分の問題について考え、解決しようとする気になります」。別の生徒は、地元の森を散歩しながら考えています。「一人で考えたり、独り言をいったりしているうちに、自分の問題の解決策が突然見つかるのです」。こう考える生徒もいます。「私はこの木にこれまでまったく気づきませんでした。でもこの木の写真を撮ってみて、人生は電子機器の上に成り立っているのではないことがわかった気がします」と。

このように、生徒たちが精神的な幸福感を得るためのさまざまなテーマがあることは注目に値します。生徒たちは、ゆっくり見ることで心が安らぎ、自然に気づき、美しさを味わい、生きていく上で何が大切かを考えることができると語っています。くたびれた大人の耳には感傷的に聞こえるかもしれませんが、それを否定するのは生徒たちの気持ちの深さを軽視することになります。「スロー・ルッキング」は、かれらの心の奥底にある何かに触れるのです。それは、自分自身や周りの世界についての身近でありながら新しい発見といえるかもしれません。

スローライフの提唱者として知られ、『スローライフ入門』という本を著しているカール・オノレイ〔一九六七―、ジャーナリスト〕にとって、生徒たちのこの経験は驚くべきものではないでしょう。オノレイは、「ゆっくりすることの大きな利点は、人びとや文化、仕事、自然、そして自分自身の体と心との意味あるつながりを作るための時間と静けさを取り戻せることにある」と主張しています。[13] 興味深いことに、オノレイは自分の子どもとの体験を通して、このような洞察に至ったようです。[14] 多くの人がそうであるように、オノレイもあわただしい生活を送っていました。夜、子どもたちに本を読み聞かせる時間を節約するために、ある日、彼は書店で、寝る前の一分間の物語の本を購入しようと考えている自分に気がついたのです。彼は、「ショックでした。一日の終わりに子どもたちと過ごす貴重な時間を節約することさえ厭わなくなっていたのです。もっとよい方法があるはずだ、早送りの生活は本当の生活ではないと私は思いました。だから、私はゆっくりすることの可能性を追求し始めたのです[15]」と述べています。「アウト・オブ・エデン・ラーン」の生徒たちもこの考えを共有しているようです。スイスの高校生は、クラスで行ったゆっくりとした散歩について、オノレイもおそらく納得するような感想を雄弁に述べています。

私たちはグループで散歩に出かけ、いつもより静かに、取り巻く要素にいつしか全神経を注いでいました。遠くのアルプスからまっすぐに流れてくるような澄んだ空気、昨日から今朝にかけて降った雨で地面に染み込んだ水分、霞みがかった雲、小鳥のかすかなさえずり、足元の砂利を踏みしめる音などです。締め切り、会議、スケジュールなどのこれからの予定に注意を向けていると、これらすべてがぼんやりとした背景になり、すぐに焦点から消えてしまうことがあります。私は今日、注意を払うことは何かを選ぶことだ、と思い出しました。私はここにいること、そしてこれらの細部に気づくことを選べるのです。心を晴れやかにして学校に戻りました。

マインドフルネスについて

「スロー・ムーブメント」は、しばしばマインドフルネス（今この瞬間を完全かつ予断なく意識する精神状態）と結びつけられます。マインドフルネスの追求は、いま、現代文化のなかでは非常に人気があります。オノレイの「スロー」に関する考えと同様に、マインドフルネスは、現代生活の壊れたようなあわただしいペースに対する解毒剤と見なされています。しばしば、マインドフルネスについての考えは、禅の哲学、ヨガ、瞑想といった静寂や穏やかさ、集中力を育む他の実践と混同されています。このような考え方は、文化的な空気のなかにありますが、学校のカリキュラムのなかにもあるので[16]、生徒がそれを取り上げても驚くにはあたりません。一四歳の生徒が熱っぽく語るように、「朝夕の鳥のさえずり、涼しい風、日中の至るところにあふれる日陰、そして花の香りが禅の気分にさせてくれます」。

私はマインドフルネスに賛成です。私自身の生活のなかでもっとマインドフルネスが必要ですし、身近にもっとマインドフルネスがあれば、世界はよりよい場所になると信じています。しかし、マインドフルネスの状態は、時にゆっくり見ることを伴いますが、必ずしもそうする必要はありませんし、この二つを混同しないことが重要です。

マインドフルネスは通常、性格的な美徳（characterological virtue）として、倫理的な美徳としても語られることがあります。その性格的な美徳は、今この瞬間に完全な状態で存在し、予断なしに自己を受け入れることによって達成される心の健康に関係しています。その倫理的な美徳は、適切な洞察力と正しい行動につながる可能性がもっとも高い心の状態を達成することに関係しています。私が定義する「ゆっくり見る」ことは、知的な美徳（epistemic virture）であり、その価値は、知識を得ることと関係があります。知識はマインドフルに追求することも、そうしないことも可能であり、知的な価値という点では、必ずしもマインドフルに追求した方がよいとは限りません。教育的な観点からは、これは重要な違いとなります。なぜなら、「ゆっくり見る」という考え方は、精神的にはマインドフルネスほど壮大ではないものの、より包括的なものだからです。本章の前半で述べた「ゆっくり見る」ことの特徴、すなわち、新鮮な目で見ること、視点を探ること、細部に気づくこと、を思い出してください。このような活動には、静かで安らかな感情が伴うこともありますが、そうでないことの方が多いのです。観察が一気に進むこともありますし、新しい視点に驚かされたり、新しい視点がかえって邪魔になったりすることもあります。静かにしているときよりも、じっとしていないときの方が見るプロセスがはかどることもあります。このことは、教える立場からすると重要です。ゆっくり見ることは、生徒がマインドフルな精神状態になったときにだけ成功するわけではない、ということを意味するからです。若い人たちが、自分の周りにあるものをもっとよく見るために、ゆっくりと世界を見る機会と手段を与えられたとき、この試みは成功するのです。どのような気分で、どのようなテンポでそうするかは、かれら次第なのです。

注

（1）Salopek, P. (2013–2017). Out of Eden Walk. *National Geographic*. Retrieved from http://www.nationalgeographic.org/projects/out-of-eden-walk/.

（2）Salopek, P.（2016, December 14）. 個人インタビュー

（3）Salopek, P.（2015, December 12）. Exploring the world on foot. *The New York Times*. Retrieved from https://www.nytimes.com/2015/12/13/opinion/exploring-the-world-on-foot.html.

（4）One in 8 million (2009). *The New York Times*. Retrieved from http://www.nytimes.com/packages/html/nyregion/1-in-8-million/.〔現在リンク切れ。参照 https://www.youtube.com/watch?v=vBf86gCf64k〕

（5）Berkey-Gerard, M. (2009, July 29). Tracking the "slow journalism" movement. *Campfire journalism blog*. Retrieved from http://markberkeygerard.com/?s=slow+journalism&submit=Search.〔現在リンク切れ。参照 https://web.archive.org/web/20120911165001/http://markberkeygerard.com/2009/07/tracking-the-%E2%80%9Cslow-journalism%E2%80%9D-movement/〕

（6）Orchard, R.（2014, October 14）. The slow journalism revolution. TEDx Madrid. Retrieved from https://www.youtube.com/watch?v=UGtFXtnWME4.

（7）Ball, B.（2016）. Multimedia, slow journalism as process, and the possibility of proper time. *Digital Journalism 4*(4), 432–444.

（8）Salopek, P.（2014, July 11）. Milestone 21: Cyprus. Out of Eden Walk. *National Geographic*. Retrieved from http://www.nationalgeographic.org/projects/out-of-eden-walk/milestones/2014-07-milestone-21-cyprus.〔現在リンク切れ。参照 https://outofedenwalk.nationalgeographic.org/milestones/2014-08-milestone-21-cyprus#introduction〕

（9）本章に掲載した生徒の言葉や画像はすべて、アウト・オブ・エデン・ラーン・プロジェクトで収集されたデータによる。生徒のプロジェクト・プラットフォームへのアクセスはパスワードで保護されており、収集されたデータは匿名化されている。生徒の匿名性を維持し、大学の研究レビュー規約を遵守するため、本章では引用に出典をつけない。また、生徒の年齢はおおよそのものである。これは、生徒が教室としてのプラットフォームに参加しているためである。教室の学年はわかっているが、学年にはさまざまな年齢層がいるため、生徒の年齢はおおよそのものである。本章の引用文では、生徒の学年ではなく、おおよその年齢を記載しているが、これは学年の数え方が国によって異なるためである。

（10）Horowitz, A.（2013）. *On looking: Eleven Walks with Expert Eyes*. New York: Simon and Schuster.

（11）Salopek, P. (2016, June 2). Watch: An ancient prairie comes back to life. Out of Eden Walk. *National Geographic*. Retrieved from http://www.nationalgeographic.org/projects/out-of-eden-walk/articles/2016-06-watch-an-ancient-prairie-comes-back-to-life.

（12）Horowitz, A. p. 186.

（13）Honoré, C. (2004). *In Praise of Slow: How a Worldwide Movement is Challenging the Cult of Speed*. Toronto: Vintage Canada. 鈴木彩織訳『スローライフ入門』ソニー・マガジンズ、二〇〇五年

（14）Honoré, C. (n.d.). *In Praise of Slow*. Retrieved from http://www.carlhonore.com/books/in-praise-of-slowness/.

（15）Ibid.

（16）たとえば http://www.mindfulschools.org/ を参照。〔現在プロジェクト終了に伴いリンク切れ。同プロジェクトの以下の YouTube チャンネル参照 https://www.youtube.com/@MindfulSchools/videos〕

第4章 見ることと記述すること

ゆっくり見ることと記述することとは例外なく結びついています。私たちは時間をかけてじっくりと物事を観察するとき、ふつう他人や自分自身に向けてその物事を記述しているからです。私たちは、「アウト・オブ・エデン・ラーン」プログラムの生徒たちにこのようなことが起こるのを見てきましたし、私たち自身についても容易に想像がつくことでしょう。今、この文章を読んでいるページや画面について記述する短い文章をいくつか頭のなかで組み立ててみてください。奇妙な課題に思われるかもしれませんが、三つ目の文章にさしかかるころには、余白の幅やページの表面の質感など、最初は意識していなかった特徴に気がつくことでしょう。さらに、この本は「ゆっくり見る」ことについての本なので、他の本とは違った方法で、目に見える細部を探るようになるかもしれません。記述を組み立てる過程は、私たちの知覚を突き動かし、文字通りより多くのものを見ることができるようになります。そして私たちが経験に持ち込む思考の枠組みは、私たちが見るものを形作るのです。

この章では、ゆっくり見ることと記述することとの結びつきを、さまざまな角度から見ていきます。まず、素朴に定義から始めましょう。記述とは、あるものがどのようなものかを鮮明に捉えたり伝えたりするために、それがどのように見えるかを表現するプロセスです。この言葉は、物事を書き留めることを意味するラテン語の describere に由来しています。私たちは通常、記述（description）というと、会計帳簿への仕訳の記入や観察結果の説明などを連想しますが、記述は言葉に限定されるものではありません。たとえば、観察画は、あるものがどのように見えるかを絵で表現するものなので、記述の一種です。音楽や音は、雷の音を表現する拍手や、牧歌的な情景を感じさせる楽曲など、体験の印象を鮮明に伝えるために使用される場合、記述の一形態となります。また、誰かが手を使って友人の身長を表現するとき、あるいはダンサーが体を広げて太陽が昇る様子を表現するとき、動きも記述の一形態となり得ます。

記述の仕組みを理解するために、まずは言葉に注目してみましょう。アメリカの小説『ハックルベリー・フィンの冒険』の一節から考えてみます。ハックは、ミシシッピ川から昇る太陽を見ています。彼のゆったりとした言葉による記述の展開が、それぞれの知覚をどのように形作っていくのかを見てみましょう。

物音ひとつ聞こえなかった。どこもかしこも、しーんとしている。まるで、世界じゅうが寝静まってるみたいだった。ただときどき、どこかでウシガエルがボーッ、ボーッと鳴いてるような感じがするだけだった。あたりを見まわしても、最初ははるか遠くのほうに、ぼんやりした線みたいなものが見えるだけだった。――向こう岸の森だ。そのほかには、なんにも見えない。そのうち、空が一か所だけちょっと明るくなった。それから、あちこちに明るいところが出てきて、だんだん広がっていった。すると今度は、川の遠くのほうがぼんやりしてきて、いままでまっ暗だったのがいつの間にか灰色になっていた。そして、ずーっと遠くに、ちっちゃな黒い点がゆっくり動いているのが見えた。――きっと、運送船かなにかだ[1]。

ハックが言葉を紡ぎ出すにつれて、彼の見ている景色が広がり、形になっていくのが感じられないでしょうか。これはたんなる文学の技法ではありません。科学者も詩人も、自分が見たものをより鮮明にするために、言葉による記述のプロセスを用いています。これは、何を見たかを「見る〔確かめる〕」ために美術家がスケッチをするのと同じことです。記述はゆっくり見るためのエンジンとして重要な意味を持っています。見るという行為をより深めるための構造を提供することで、観察のプロセスを前進させるのです。そしてそれ以上に、記述という行為に用いる方法や精神的な枠組みが、私たちが見るものを深く形作るのです。たとえば、先の一節で私たちはハックの目を通して日の出を見ていますが、ハックは架空の人物なので、私たちは作者の目も通して日の出を見ていることになります。もし、ハックが一四歳の少年ではなく、ミシシッピの水運業を営む商人など、別の種類の人物であったならば、彼が通りすがりに「運送船かなにか」と呼んだ小さな暗がりを、もっと詳しく観察していたかもしれません。もし作者のサミュエル・クレメンズ（マーク・トウェイン〔一八三五—一九一〇〕として知られている）が青年時代にミシシッピの川船の水先案内人として働いていなかったら、彼が生み出したハックは、夜明けに空が明るくなるにつれて「川の遠くのほうがぼんやりして」きた様子をうまく感じ取れなかったかもしれません。

「記述」の特徴

私たちは、「記述（describe）」という言葉を大雑把に用いる傾向があります。たとえば、自分の考えや感情、あるいは感覚的な印象を記述する、などのいい方をします。バス旅行や食事、人生の意味などを説明するときにも使います。しかし、ゆっくり見ることについては、記述はおもに感覚を通して観察可能な現象に関係してきます。そのため、本章では、そのような現象に関する記述、つまり、見たり、聞いたり、嗅いだり、感じたり、味わったりすることができるものに関する記述について扱います。このようなことを念頭に置いて、「何が記述を記述たらしめるのか」という問いをじっくり考えてみましょう。この問いに言葉で答えるのは難しいかもしれませんが、直観的に答えるのは簡単でしょう。何かについての説明を見たり聞いたりしたときに、それが説明であることはわかるでしょうし、どうやって説明するのかと尋ねられれば、その方法も答えられるのではないでしょうか。たとえば、私が「窓の外に見えるものを説明してください」とお願いしたとします。あなたはすぐに、目に見えるもの、風景の形、建物や空の色など、観察可能なさまざまな特徴を教えて欲しいといわれているのだと理解するでしょう。また、深く考えなくてもわかると思いますが、私が求めているのは、地域の歴史や政治の分析、現代世界のご近所づき合いのあり方についての長々とした議論ではありません。ただ素直に、あなたが見ているもの、感じているものを私がイメージできるような説明を求めているだけなのです。

「認知フレーム」としての記述

ヴェルナー・ヴォルフという学者は、「認知フレーム（cognitive frame）」としての記述について語っています。[2] この概念は、私たちが記述という行為をするとき、また、他人が書いた記述を読んだり聞いたり、あるいはその他の方法で受け取ったりするとき、私たちはある種の認識可能な特徴に精神的に同調するという意味で用いられています。具体的には、私たちは物事がどのように見えるかに注意を向けています。ヴォルフが述べるように、記述とは、ものや現象がなぜ存在するのか、どのように機能するのか、どんな役割を果たすのかといったことではなく、「何であるか（whatness）」、つまりものや現象が表面上どのように見えるのかを伝えることを目的としています。窓の外に見えるものを説明してくださいといったとき、私が何を求めているのかすぐにわかるのは、あなたが直観的にこの認知フレームを使っているからです。つまり、あなたが見ているものが「何であるか」に私が興味を持っていることを知っているからなのです。

記述という概念を浮かび上がらせるには、他の認知フレームと比較してみるのがよいでしょう。たとえば、文学では、記述は物語と対比されます。小説、短編小説、エッセイ、詩などの文学作品において、記述的な文章は、ある瞬間にあるものがどのように見えるかを伝え、物語的な文章は、ある期間に起こったことを伝えます。別のいい方をすれば、描写は空間的なものであり、知覚可能な特徴を記述します。物語は時間的なもので、過去・現在・未来の関係に関わります。

もちろん、多くの文学作品では、記述と物語が混在しており、両者の区別は明確ではなく、むしろどちらに重きを置くかが問題となります。『ハックルベリー・フィン』の一節を思い出してみてください。ハックがミシシッピ川の日の出を描写するとき、時間は確かに経過しています。具体的には、太陽が昇るまでの時間です。しかし、この箇所では描写に重点が置かれており、ハックは自分の印象を伝えるとき、現在という感覚を重視しています。この場面はしばらくのあいだ展開しますが、情景を思い浮かべるために心のなかの目に焼きつけておくことは難しくないはずです。

何年もかけて展開されるシーンでも、このような現在性（presentness）の感覚を持つことができます。ネイチャーライターのバリー・ロペス〔一九四五―二〇二〇〕は、著書『極北の夢（Arctic Dreams）』のなかでカリブー〔北アメリカ大陸に生息するトナカイの呼称〕の移動について次のように記述しています。

カリブーの群れが去ると、彼らが翌年もやってくることがわかっているにもかかわらず、彼らの出産のための場所は世界でもっとも荒涼としたところという印象を受ける。彼らが翌年もどってきたときも、そこは彼らが去ったときとほとんど何も変わっていないだろう。この出産のための場所の地面に落ちたカリブーの糞は分解されるまでにおよそ三十年かかる。オオカミに殺されたカリブーの死体は、三、四年のあいだはそのままの状態である。この地の静けさのなかに時間が溜まり、そして消えていく。この土地には動きというものがない。(3)

この現在性というのは、記述の重要な性質です。ヴォルフは、記述にはサスペンスを感じさせない傾向があることを指摘していますが、それは描写が認知としていかに機能するかということの一部を示しています。私たちは、記述に、次に何が起こるかわからないようなハラハラドキドキを期待していません。むしろ、一瞬のうちに——たとえその一瞬が長いものでも——、物事が現れた瞬間の鮮やかな感覚を呼び覚まし、イメージや感覚的な印象を思い起こさせてくれることを期待するのです。

視覚芸術においても、記述と物語のフレームは対照をなします。視覚芸術においては「記述（description）」ではなく「描写（depiction）」という言葉がよく用いられますが、見た目の印象を鮮明に伝えるという点ではこれら同じです。一見すると、絵画や彫刻にはとくに記述的な精神があるように思われていますが、それはこれらの芸術の形式が静的なものであることから、ある瞬間に物事がどう見えたか「について」のものであると思われているのが大きな理由でしょう。しかし、もちろん、絵画や彫刻は多くの物語を伝えるものでもあります。たとえば、戦場を描いた絵は、歴史的な出来事を物語っています。それはまた、文化的に作られたものの考え方の物語でもあり、画家とその時代についての伝記的な物語でもあり、さらには画家によるさまざまな選択を通して見た創造的なプロセスについての物語でもあります。これに対して、彫刻の描写的な次元は、ものや出来事の表面の様子を生き生きと伝えるために、作品の特定の部分がどのように表現されるかに関係しています。その描写とは、たとえば襟のレース、海の波のうねり、馬の首の腱の張り具合などです。言葉による説明と同様に、対象が「何であるか」の絵画による描写の目的は、感覚を呼び覚ますことです。それは、描かれているものの鮮やかな感覚的印象を呼び起こすことを意図しています。芸術家たちは、このような鮮やかな印象を呼び覚ますために、さまざまな方法を取っています。それは芸術の技巧の一部なのです。マティスの描く人物の簡潔で優美な線は、レオナルド・ダ・ヴィンチの激しく美しいデッサンと同様に、人間の姿を描写しているのです。

科学の世界では、記述と対照される認知フレームが異なります。記述と対比されるのは物語的なものではなく、説明的（explanatory）なものです。科学者は、特定の研究課題を持たずに自然現象を観察し、記録し、分類する記述的研究と、あるものがどのように機能するのかを、おもに実験によって説明することを目的とする仮説駆動型（hypothesis-driven）の研究とを区別することがあります。こうした区別は広い意味での特徴づけであり、その境界線は曖昧になることもあります。すべての科学者が、客観的に観察可能な（つまり「記述的」な）データにもとづいて研究を行わなければならないのと同様に、事実上すべての科学者が、何らかのレベルで説明を重視しています。しかし、科学的活動のなかには、物事が「何であるか」に特別な焦点を当てるものもあれば、「どのように」や「なぜ」に焦点を当てるものもあります。たとえば、海洋生物学者の研究は、未知の海底を探索しているときには記述的な要素が強く、のちにその海底の魚の個体数に対する海水温度の影響を調べるときには説明的な要素が強くなるかもしれません。科学的な実践において記述と説明は密接に絡み合っていますが、それぞれのフレームには独自の手段と基準があります。記述とは、五感で感じたことを直接、あるいは機器を使って観察し、記録することです。さらに、記述された現象は、少なくとも理論的には、他の人が観察できるものでなければなりません。説明には、原因を探り、推論し、仮説を立てて検証し、予測することが含まれています。

これらのことがスロー・ルッキングとどのような関係があるのでしょうか。記述と同じように、スロー・ルッキングは、物事が「何であるか」に焦点を当てた認知フレームを含んでいます。それは、なぜそうなったのか、どのようにしてそうなったのかという物語を語るよりも、物事がどのようになっているのかに気づくことを重視しているのです。

記述と詳細

私は、回転したり、傾いたり、移動ができる、きしむような古い木製のオフィスチェアを持っています。……それはいわゆるバンカーズチェアで、座面はくぼみ、アームは湾曲していて、背もたれは丸みを帯びています[4]……

〔ヴィトルト・リプチンスキ〔建築家〕〕

特徴的な認知フレームであることに加えて、記述はある程度の詳細さを伴う傾向があります。私が今座っているものを説明してくれとあなたに尋ねられて、ただ「椅子」と答えても、おそらくあなたは満足しないでしょう。たとえば、その椅子がどんなスタイルなのか、どんな素材でできているのか、リプチンスキの椅子のように「回転したり、傾いたり、移動ができる」のかどうかなど、少なくとももう少し情報が欲しいはずです。鮮明な印象を与えるという機能を記述が果たすためには、通常、一言では言い表せないほどの表現が必要となります。そのためには、特徴を列挙したり、比較したり、本質的な特徴を強調したり、重要となる性質を抽出したりするなど、さまざまな方法があります。次は、サラ・ウォーターズ〔一九六六―、ウェールズの小説家〕の小説『荊の城（Fingersmith）』に出てくる日の出の描写です。ハックの日の出と同じように、地平線上には産業の痕跡がありますが、その感じはまったく異なります。

夜があけた——あたしは、夜が卵のようにあけられて、中身がこぼれて広がるのだと思った。眼の前に広がる緑の田舎。川や、道路や、生け垣や、教会や、煙突や、いくつもたちのぼる煙の糸。進むにつれて、煙突は高くなり、道路も川も太くなり、煙の糸は色が濃くなってくる。そしてとうとう、染みのような、汚れのような、黒いものが——まるで石炭のような——影のようなくすみが、あちこちの窓ガラスや、教会の金ぴかの丸屋根や尖塔の先に、太陽の光が当たって照らし出された。「ロンドンだ」あたしは声をあげた。「ああ、ロンドン、ロンドン！」(5)

ウォーターズのロンドンの描写のように、細部を十分に描写することで感覚を呼び覚ます力が得られることもあります。しかし、凝縮された簡潔さによってもそれは達成できます。俳句は、何かの瞬間的な感覚を捉えることを目的とした、明らかに描写的な詩の形式です。しかし、俳句はたった三行で構成されています。俳句の長さは一呼吸分の時間と表現されることもありますが、その呼び覚ます力は、わずかな要素を巧みに組み合わせることで得られます。

夏河を
越すうれしさよ
手に草履
（与謝蕪村、一八世紀）

この詩では、細かい要素が見事に調和して、感覚的な印象を鮮やかに呼び覚ましています。たとえ、この場面がどこなのかが明示されていなくても、私には川のせせらぎが聞こえ、素足にその流れを感じ、空気のさわやかな匂いがします（私はこれを渓谷としてイメージしています）。

記述と、主体／対象の区別

記述のもうひとつの特徴は、観察者と記述される対象のあいだの距離感、つまり分離の感覚に関係しています。何かを記述するということは、主体と対象を区別することでもあります。観察者として有効な視点を持つためには、少なくとも自分の一部が観察対象の外にあると想像しなければなりません。

多くの記号学者や哲学者が、人間の主体／対象の区別に関する厄介な問題について深く考えてきました。どのようにしてその区別を獲得するのか、それは何を意味するのか、そして人間の心に組み込まれた限界を考えると、そのような区別は論理的に可能なのか。この膨大な研究の一端に敬意とともに触れるなかで、私は、記述という概念に対する私たちの直観的な理解には、記述者と記述されたものとのあいだの何らかの分離の感覚が含まれているという単純な指摘をしたいと思います。そうでなければ、私たちの自己意識は周囲のすべてのものに流れ込み、私たちは自分と他のものとのあいだに境界があるという感覚を持たないでしょう。私のいいたいことを理解していただくために、記述するようにお願いした窓の外の風景に戻ってみてください。思っているものと主観がどれだけ絡み合っていても、「記述してください」といわれたら、すぐにその風景と自分とのあいだに一定の認知的な距離を置いたのではないでしょうか。つまり、自分の心と体の外側で知ることができるものとして概念化したともいえるでしょう。これは、必ずしも客観主義的な立場を取っているわけではありません。記述する側とされる側の距離には、分野によって、また分野内でもいろいろな種類があります。ナチュラリストのなかには、フィールドでの観察結果を冷静で無味乾燥な手法で表現する人も、生き生きと関与する姿勢で表現する人もいるでしょう。ジャーナリストのなかには、堅いニュースを客観的に報道する人もいれば、ポール・サロペックのように、自分の書く記事に経験を組み込みストーリーの一部にする人もいます。

のちほど、記述を作成するための具体的な方策を紹介します。その前に、これまでの簡単なまとめをしておきましょう。ここまで、記述に関する私たちの一般的な理解の三つの側面を論じてきました。まず、私たちは記述を、物事の表面的な特徴に注意を向ける認知フレームとして確認しました。これは、ストーリー性を重視する物語的な認知フレームや、分析と解釈を重視する説明的な認知フレームと対照をなします。次に、記述はたんに名前をつけるにとどまらず、記述されたものの印象を呼び起こすのに十分なだけの鮮明な表現を与えることだと私たちは確認しました。最後に、記述の行為が主体／対象という精神的な動きを伴うことを確認しました。何かを記述することは、少なくともその時点において、観察者と記述されたもののあいだに隔たりがあると仮定することです。

記述とスロー・ルッキングは、お互いを支えるために結びつけられることがよくあります。見たものを記述するには、ゆっくり見ることが役に立ちます。記述を構成するときには、ゆっくりとしたペースでよりよく見ることが役に立ちます。しかし、この二つはしばしば結びついていますが、必ずしもそうである必要はありません。たとえば、記述には見たものを何らかの形で表現したり、語ったりすることが含まれます。しかし、注意深くて瞑想的なスロー・ルッキングでは、意識的に表現や「再提示《レプレゼント》」をしようとせず、押し寄せてくる感覚的な印象の流れに注意を払うことが重要となります。同様に、スロー・ルッキングはパッと見るだけにとどまらない行為である一方で、パッと見たときの感覚にあえてとどまり、それを意図的に表現する技法があります。たとえば、「意識の流れ」や「印象主義的な文章」と呼ばれるものは、即時的な感覚の印象や感情の急速な流れを熟慮せずに捉えることを目的としています。しかし、このような例であっても、「どのように」「なぜ」「どうして」よりも「何であるか」を重視するという認知フレームは、スロー・ルッキングと共有されています。つまり、記述の仕組みを理解することは、スロー・ルッキングの重要な側面を理解することでもあるのです。

スロー・ルッキングと記述の方策

心の働きを研究している人たち——たとえば哲学者や科学者——は、物事を意識的に思い浮かべることには記述が伴うと主張するかもしれません。私たちは自分の考えを形作るために認知フレームを使わないわけにはいかないからです。言い換えれば、マインドフルネスの実践や「意識の流れ」を文章で記述する手法があるにしても、私たちは自身の感覚的な印象を自分自身に対して記述するほかありません。それ以外の方法では、その印象を意識することができないからです。これは技術的には正しいかもしれませんが、日常的な経験から考えると、意図的に記述を組み立てることと、ただ感覚的な印象を「抱く」こととの違いはすぐにわかるはずです。試しに、周囲を見渡して、近くにあるものを見つけてみましょう。そしてすぐに、それが何であるかを自分に伝え、そこから目を離す。次に、もう一度同じものを見て、それがどんなものかを誰かに伝えるつもりで、数分かけて心のなかで記述してみてください。この練習に時間をかけると、説明のために心のなかで組み立てをするという行為が、注意の集中を維持し、観察力を高めるのに役立つことに気づくかもしれません。物事を記述し始めると、ほぼ確実に、第一印象で思っていたよりも多くのことに気づくことでしょう。

細部を探る

記述することがよく見ることを促すという考え方は、文章を教えている人にはなじみ深いことでしょう。生徒たちに、ある物体や場面を詳しく書くという課題を与えると、その過程で、一見しただけではわからない多くの側面を記録するようになります。つまり、教育的な視点に立てば、「ゆっくり見ること」を教えるもっとも単純な方法のひとつは、生徒に時間を与え、見たものを文章で説明するよう促すことです。前章で紹介した「アウト・オブ・エデン・ラーン」のプログラムでは、このような幅広い方策が用いられています。このプログラムでは、生徒たちが日常生活の何気ない場面を絵や言葉で表現する時間を十分に設けました。こうした記述を組み立てて仲間と共有するプロセスは、まさに想定通りに、つまり生徒がゆっくりとしたペースで周囲の細部に気づくことを促すものとして機能したのです。

図4-1　南アフリカ、ケープタウンのテーブルマウンテン
写真提供・著作権：デヴィッド・リトシュワガー、「One Cubic Foot」シリーズより

この気づきは、もっとも一般的な描写方法のひとつである「細部の提示」の鍵となります。写真家であり、ナチュラリストでもあるデヴィッド・リトシュワガー〔一九六一―〕氏の作品がその好例です。彼の「ワン・キュービック・フット」プロジェクトは、ニューヨークのセントラルパークから南アフリカのテーブルマウンテンまで、さまざまな自然環境に骨組みだけの一立方フィートのフレームを置くという、科学と芸術を融合させたものです（リトシュワガーが撮影した写真のフルカラー版は、オンラインで見ることができます）。

リトシュワガーは、何人かの協力者とともに、二四時間のあいだにフレーム内の空間に生息したり移動したりするすべての生物を詳細に描写し、撮影しました。彼の初期の協力者の一人である生物学者のE・O・ウィルソン〔一九二九―二〇二一、アメリカの昆虫学者〕が、立方体のなかに見えるものについて説明している部分を抜粋しましょう。

雑草のあいだを這い回っている無数の昆虫や、何かを植えるために庭の土をひっくり返すときに身をよじったり逃げたりするミミズや名前のわからない生きものがいる。誤って巣を開けてしまったときに飛び出してくるアリや、黄ばんだ草の根元に顔を出すカブトムシの幼虫もいる。岩をひっくり返すと、さらに多くのものがある。クモの子やさまざまな形をした未知の生物が、菌糸のマットを這っているのが見える。小さな甲虫は突然の光から身を隠し、ダンゴムシは体を丸めて防御する。ムカデやヤスデは、その大きさのクラスのなかでは鎧をまとったヘビのようなもので、手近な隙間や穴に入り込む。(6)

ウィルソンの記述は、第2章で取り上げた分野を超えた幅広い観察戦略であるインベントリーの作成を彷彿とさせます。しかし、ウィルソンはただリストを作るだけではありません。彼の生き生きとした描写（虫たちの忍び寄るような動き、ブンブンという音、小走りするような動き、もがくような動きなど）は、細部を書き込むことで記述に生命を吹き込んでいます。

細部にこだわることは、私たちが日常的に考えている記述とほぼ同義であり、そのための方策やアドバイスも数多くあります。文章の教師は生徒に、五感を使って気づくように（何が見えるか、何が聞こえるか、何に触れるか、何を味わうか）、見たものを詳しく説明するように、スローモーションで見るように、より詳細に明示しなさい、などと指導をしています。これらの方策の背後にある行動の核心は、より多くの特徴や特殊性、微妙な違い、細部を探すことです。

さまざまな視点から見る

細部を探ることに加えて、描写を促すための第二の補完的な方策は、さまざまな視点から見ることです。この方法は、新しいやり方で物事を見るために、視点を切り替えることに関係しています。有益な方策には、大きく分けて三つのタイプがあり、それぞれが描写の練習には欠かせないものとなっています。

眺めのよい地点を探す

これは、物事を別の角度から見て記述するために、自分の物理的な視点を変えることと関係があります。このテーマはすでによく知られたものです。第2章では、スケールとスコープの観察の方策が、遠くや近く、上や下といった異なる物理的な視点から物事を見ることをいかに重視するかを考えてきました。それに関連して、前章では、「アウト・オブ・エデン・ラーン」プログラムの生徒たちが、虫から見た木や水たまりに映る街並みなど、通常とは異なる物理的視点から写真を撮り、その写真から創造的な着想を得て、言語による広範囲にわたる描写がなされていることを見てきました。

異なった視点を用いた説明の古典的かつ今なお刺激的な例として、デザイナーのチャールズ＆レイ・イームズが制作した一九七七年の短編映画『パワーズ・オブ・テン（Powers of Ten）』があります。[7] この映画は、シカゴの公園でピクニックをしている二人の人物の空撮から始まります。最初のショットは二人の一メートル上空から撮影され、一〇秒ごとに、最初は一〇メートル、次に一〇〇メートル、そして一〇〇〇メートルと、それまでの距離の一〇倍にズームアップしていき、ナレーターは、各地点での眺めを説明していきます。湖畔の公園全体が見え、次にシカゴの海岸線が、そして数回の跳躍の後、地球の青いマーブル模様が見え、さらに太陽系全体が見えます。さらに数回の跳躍で天の川を通り、銀河系の外へと進み、最終的には地球から一億光年の彼方まで到達します。この地点からの眺めはほとんどが暗闇で、遠くの光がわずかに見えるだけとなります。「この孤独な光景、塵のような銀河、それが宇宙の大部分の姿なのです」とナレーターは表現しています。ここでカメラは逆回転し、ピクニック用の毛布の上で寝ている男性の手まで、急速に地球に戻っていきます。そしてカメラは再び減速し、一〇秒ごとに九〇パーセントずつ距離を縮めながら男性の肌にズームインするのです。まず皮膚の層を通って血管に入り、細胞や「フェルト状のコラーゲン」の外側の層を通って白血球に入り、「ＤＮＡのらせん」を通って、最終的にはひとつの炭素原子が振動する核に到達するのです。全編九分の映画です。

見慣れたものを奇妙なものとして見る

『パワーズ・オブ・テン』で経験する、目を見張るような、時に目もくらむような視点は、もうひとつの幅広いタイプの視点の方策を示しています。それは、見慣れたものを奇妙なものにすることです。

　たとえば、あなたが四本脚の生物で、森のなかで満足して暮らしているとしましょう。ある日、あなたはとても珍しいものに出会う。それは、リスの尻尾以外の部分の大きさと形をした革製の袋状の容器で、上部の穴には交差して蔓のようなものが通されています。警戒して匂いを嗅いでみると、大きな動物の匂いがする。のちに、これは人間の靴と呼ばれていることを知ります。

何かを見慣れない視点から見ることとは、一般的な記述の方策です。「アウト・オブ・エデン・ラーン」の生徒たちが「新鮮な目で見る」といっていたのと同じように、当たり前だと思っていたことを揺り動かして、新たな視点で物事を見ることができるのです。この方策は、人類学者や社会学者の仕事道具の一部でもありますが、かれらは人間の行動や文化を新鮮な視点から記述するために、自分の文化的な前提条件から抜け出そうとすることがよくあります。たとえば、文化人類学者は、夕食の皿の横にあるとがった金属製の物体を、フォークとしてではなく、遠く離れた部族の習慣や慣例を知るための見慣れない道具として見ることを選ぶかもしれません。このように、日常的な前提条件から意図的に距離を置くという精神的な動きは、創造的な問題解決やイノベーションを促進するための方策にも共通する要素です。基本的な考え方は、新しい解決策を探るために、慣れない視点から問題を描写することです。このようなアプローチのひとつがシネクティクス〔創造工学。さまざまな経歴の人びとの集団が自由に意見を交換し合って問題の解決にあたるような創造的過程を研究する〕で、創造的な洞察への道筋として、類推することを重視する創造的問題解決のアプローチです(8)。この手法では、意図的に非常に珍しい比較を行うことで、見慣れたものをきわめて奇妙なものにし、アイデアをひらめかせます。たとえば、財布に入る折りたたみ式の眼鏡をデザインしようとしているとしましょう。それを蝶番の問題として捉えるのではなく、クモがドアの下に潜り込もうとしている様子と比べてみる。それでもダメなら、雪のなかを歩くヘラジカの膝の関節と比べてみる。それでもダメなら……まあ、こんなところでおわかりでしょう。

異なる視点から見る

三つ目の視点は、もっとも身近なものかもしれません。それは、自分以外のペルソナの視点から物事を記述する方策です。幼い子どもたちが「ごっこ遊び」をするとき、芸術家や作家がキャラクターを作るとき、そして私たちが他人の人生を想像したり、共感しようとしたりするとき、誰もがこの方法を採ります。広い意味では、フィクションはペルソナを身にまとうことによって定義されます。なぜなら、それは想像上の人物の視点から物語を語ることだからです。ペルソナが遭遇する世界が「何であるか」を描写するとき、それは記述的な方策となります。たいてい、ペルソナの視点は人間ですが、そうである必要はありません。フランツ・カフカの小説『変身』は、ある日、目を覚ますと巨大な虫になっていた青年、グレゴールの視点で語られています。[9] カフカがこの視点でグレゴールの人生を描くことで、人間のために作られた世界で巨大な昆虫の体を持つことの信じられないような恐ろしさや不便さ――前述の「見慣れたものを奇妙なものにする」方策とも関わります――に加えて、完全なアウトサイダーが経験する疎外感や孤立感までもが表現されているのです。

人間以外のペルソナになりきるという方策は、生物に限ったことではありません。まったく別の角度から、童話の『ドコ――ある籠のものがたり(I, Doko: The Tale of a Basket)』〔エド・ヤングによる絵本。未邦訳。Doko はネパール語で籠の意味〕は、ネパールの村に住むある家族の生活を、大きな籠の視点から描いた物語です。[10] 籠は、一家の赤ちゃんや荷物、そして最後には病気の高齢者を運ぶ様子を語ります。籠の視点から語られる家族の生活の描写は、鋭さと驚きに満ちています。

ネパールの籠や巨大な昆虫の例を挙げましたが、人が身にまとうペルソナは、他の人間の視点であることが圧倒的に多いのです。他人の靴を履け(put yourself in someone else's shoes)という慣用句はよく知られています。つまり、他人の目で世界を見てみようということです。私たちはこのアドバイスを気軽にしていますし、多くの学校では教育の定番となっています。国語の授業では他者の視点から物語を読み書きし、歴史の授業では歴史上の人物のレンズを通して過去を探り、芸術プログラムが充実している学校では演劇やダンスを通して他者の人格になりきることを試みています。

他者の視点から世界を見ようとする傾向は、あまりにも一般的で、私たちはほとんど無意識に受け入れています。しかし、これは人間の能力のなかでもっとも自然で重要なものであると同時に、もっとも恐ろしいものでもあるのです。なぜ自然かといえば、それは子どもの発達において当たり前に見られ、また必要な段階だからです。子どもは幼いころから、他人が自分とは違う世界を見ているかもしれないこと、そして、他人が見ているものを想像できると便利だということを学びます。子どもが自分の顔に描く黒い線は、猫のヒゲのつもりですが、三歳にもなると、母親が違う見方をしていて、それは洗い落とされるかもしれないことをわかっています。人道的・社会的な観点からいえば、他人の視点から世界を見ることができる能力は、人類のもっとも重要な達成のひとつです。それによって、他人のニーズや関心事を思い描き、気にかけることができるからです。しかし、他人の視点を容易に想像できるということは、すぐに有害な考えや行動につながる可能性もあるため、恐ろしいことでもあります。他人の靴を履くということは、自分がその靴について何らかの知識を持っているという感覚を伴います。しかし、その知識は常に不完全であり、単純化しすぎたり、時には危険なほど間違っていたりします。さらに、自分が知っていると思っているある事柄が正確であったとしても、それはいつも全体の一部にしかすぎません。つまり、私たちは他者の経験を完全に理解することなどけっしてできないのです。視点の取り方のパラドックスとは、一方では、他人の経験を知ることができると仮定することは、他人の経験の完全性を軽視するということになります。とくに、その経験が自分の経験とはあまりにもかけ離れていて、それを想像するためにステレオタイプに頼ってしまう危険性がある場合はなおさらです。また一方では、他人の視点から経験を想像する能力を失えば、人間性というものはなくなってしまいます。誰かの視点に立つということの道徳的価値は、その限界を理解する能力に次いで重要なものなのかもしれません。

これまでのところ、視点の取り方の限界についての議論は、もっとも一般的な視点である私たち自身の視点の限界を無視しています。先ほど説明した「細部を探る」、「見慣れたものを奇妙なものにする」、「異なる視点から見る」という三つの大まかな記述の方策は、すべて私たちが意図的に追求するかしないかを決めることができる方法です。しかし、自分自身であるのをやめようと決めることはできません。そして、ごく普通の記述行為であっても、私たち一人ひとりが日常の出会いに持ち込んだ期待や偏見、背後にある前提の視点が反映されています。私が今朝スーパーマーケットで見かけた何人かの人びとについて記述する場合、それは中立的な説明にはならないでしょう。私が意図しなくても、かれらのある特徴には気づいて記述し、他の特徴には気づかずに記述したかもしれません。たとえば、外見や行動のある部分が自分と似ていたために気づかなかったのかもしれないし、あるいは似ていなかったために気づいたのかもしれません。私たちに備わっている選択能力は、自然に物事を見る方法は変えられない、改善できないというものではありません。自分の偏見を知り、自分の知識の限界を知るためにできること、すべきことはたくさんあります。しかし、主観的な視点を持たないわけにはいきません。人間の目と心には避けられない選択性があることは、記述のプロセスだけでなく、「ゆっくり見る」というテーマ全体にも関係しています。このテーマは、第8章で再び取り上げます。そこでは、ゆっくり見ることが、見るという行為への私たち自身の関与の複雑さを含め、世界のさまざまな種類の複雑さについて学ぶ方法であることに焦点を当てます。

言葉以上のもの

これまでの例では、記述はおもに文字や口頭による活動、つまり言葉を介して展開されるものとして特徴づけられてきました。しかし、言葉は身体の言語のひとつにすぎません。私たちは世界をさまざまな感覚で観察しているのと同様に、音や身ぶり、そしてとりわけ記号をつけることによってなど、さまざまな方法で世界を記述できるのです。

美術研究家のジョン・バージャー〔一九二六—二〇一七〕は、「絵を描く」とは「探索の一形態である」と述べています。[11] 彼のこのコメントは、見たものを記述する過程が、絵を描く場合は言葉ではなく線を媒体とすることで、記述の行為であると同時に発見の行為として機能していることを指摘しています。絵を描くということは、目で見るだけでなく、手で見ることでもあります。また身体的な行為であり、時には手が先導することもあります。アルベルト・ジャコメッティ〔一九〇一—六六、スイスの彫刻家〕は、「私が絵を描くとき、鉛筆が紙の上で描く軌跡は、暗闇のなかを手探りで進む人のしぐさに似ている」と述べています。

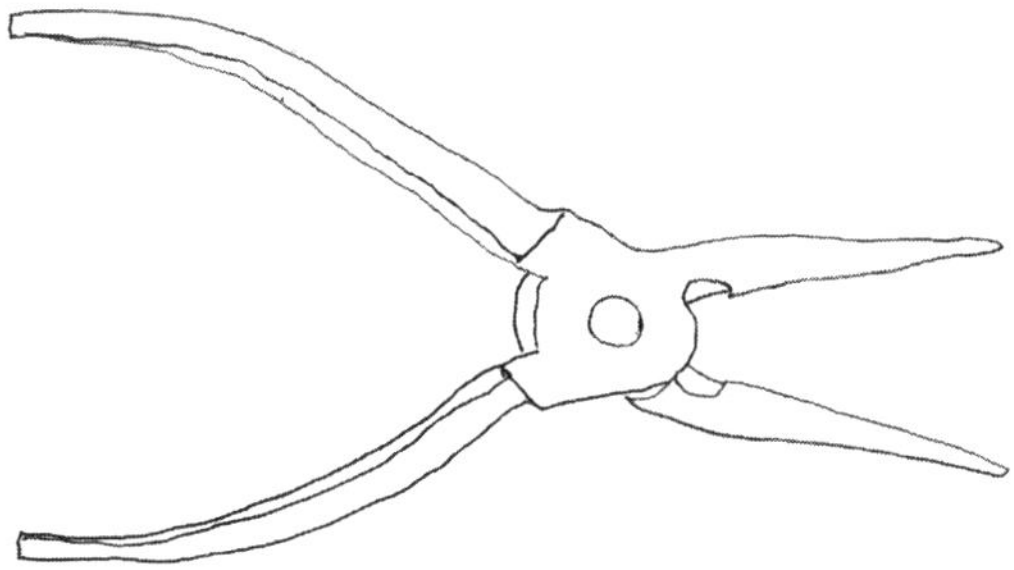
図4-2　アンドレア・ティシュマンによるドローイング

私の妹は芸術家です。おもに絵を描いていますが、絵の準備のためによくスケッチをしています。スケッチをすることで、意識の焦点の中心にあるものを超えて、それを取り巻く形を発見できるといいます。たとえば、椅子の脚のあいだの空間や、ペンチのハンドルのあいだに開いた楕円などです。輪郭線を描くことは、対象物や風景の目に見えるすべての輪郭を連続した線で描き、視覚的な記述をする技法ですが、これを鮮やかに表現する古典的なデッサンの訓練法が輪郭画（contour drawing）です。これをさらに凝縮させた技法が、いわゆる「ブラインド・コンター・ドローイング（blind contour drawing）」と呼ばれるもので、紙を見ずに風景やものの輪郭をなぞり、自分の目を観察対象から離さないことで、他人を喜ばせる絵を描くことよりも視覚的な発見に神経を集中させるという技法です。ぜひ自分で試してみてほしいと思います。どちらの輪郭画の方法でも、絵を描くことゆっくり見ることとのつながりを体験できるはずです。

科学者も、ドローイングをゆっくり見ることの一形態として使用しています。サイエンスイラストレーターのジェニー・ケラーは、「なぜスケッチをするのか」というエッセイで、次のように述べています。

描くことで、対象をより注意深く見ることができる。観察ツールとして絵を描くには、一見重要ではなさそうな細部にまで注意を払う必要がある。どんなにうまく描いても、紙の上の線や色調は、自分が何をよく観察したのか、何を観察しなかったのかについて常にフィードバックしてくれる。たとえば、ある時点まで哺乳類の足先を無視していたとしたら、紙の上の足先のない生きものを一目見れば、その無視していた部分に意識が向く。絵を描くという行為だけで、対象のあらゆる部分を吟味することを余儀なくされるのだ。[12]

ケラーの文章は、マイケル・キャンフィールドが編集した『科学と自然のフィールドノート（Field Notes on Science & Nature）』という、科学者による素晴らしいエッセイ集に収められた一編です。全員ではありませんが、多くの科学者がフィールドノートにスケッチを載せていて、かれらの絵の多様性から、科学的観察の一環としてのスケッチの幅広いスタイルや目的をうかがい知ることができます。ケラーは、珊瑚やクラゲの美しい水彩画を描き、細部までじっくりと観察しています。動物学者のジョナサン・キングドンは、アフリカの野生猫であるカラカル〔caracal、食肉目ネコ科に属する食肉類〕の頭部の動きの躍動感を表現した、素早く表情豊かなスケッチで観察の迫力を表現しています。

ミシシッピ川の日の出の描写からアフリカの猫のドローイングまで、本章では、記述のプロセスが、ゆっくり見ることを可能にする仕組みをどう提供するかということを見てきました。ハック・フィンは川を眺めながら、ゆったりと記述することで認識の範囲を広げていきます。ジョナサン・キングドンは、フィールドノートに書き込んだりスケッチしたりしながら、カラカルの頭の動きの新しい特徴を発見しています。私の妹は身近な道具の絵を描き、そのなかに隠された形を発見しています。教育の観点からも、記述と「ゆっくり見る」ことの関係は、指導に関する豊かな機会を与えてくれます。文章を書く練習では、さまざまな視点から見たものを記述するよう指示することで、ゆっくりと、文字通り手で見ることを促すことができます。

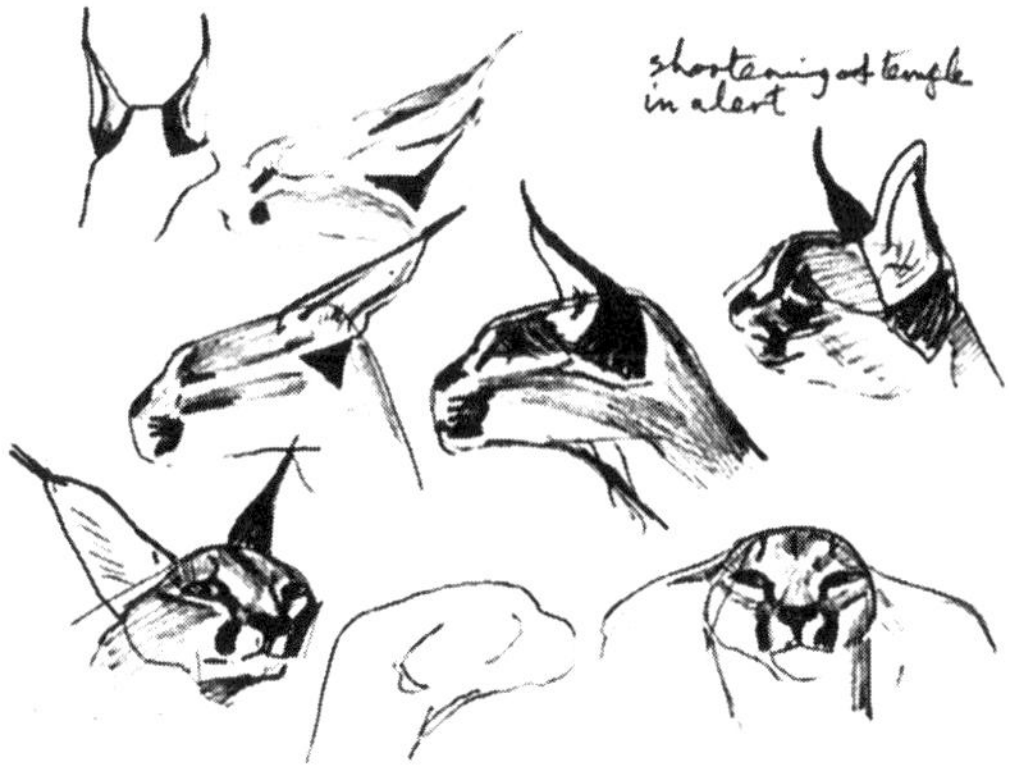

図4-3　ジョナサン・キングドンのカラカル猫の絵。マイケル・キャンフィールド『科学と自然のフィールドノート』、作者の許可を得て複製。画像提供：ハーバード大学出版局

本章ではおもに言葉と絵に焦点を当てていますが、体を使った他の表現にもその機会があります。ある幼稚園の先生が、鮮やかな抽象画を園児たちに見せていたことが印象に残っています。まず、絵のなかの線や形を選んで、体でその形を作るように子どもたちに伝えました。そして、絵のなかで形がどのように動いているかを考えて、体を動かすように指示しました。子どもたちがジグザグに体を動かして部屋の中を駆け回り、教室は楽しく賑やかな雰囲気に包まれました。そののち、先生は子どもの目を絵に再び向けさせ、絵のなかで見たものについて話してもらいました。私は子どもたちの生き生きとした観察に驚きました。

本章で取り上げた記述という行為の中心にあるのは、記述をする人（実在の人物にせよ架空の人物にせよ）が、自分自身でその対象を見ているという前提です。幼稚園児は、先生の絵の説明を聞くのではなく、直接絵を見ているのです。科学者

がフィールドノートを作るのは、他の人の説明を読むだけでなく、実際に現場に行った結果によるものです。ネパールの大きな籠は、三世代の家族をもっとも近い場所で直接観察してきました。直接観察することの重要性については、当たり前すぎて、ことさら言及する必要はないと思われるかもしれません。しかし実際のところ、教育の多くは、自分で確かめるのではなく、専門家など他人が語る内容を学ぶことにあります。たとえば、子どもがヒトデの観察に夢中になっているとします。その子はきっと、本を手に取って、はるかに専門的な観察者が作成した写真を見たり、説明を読んだりすることができるでしょう。しかし、そのためにはその子をヒトデから引き離さなければならなくなります。学習の観点からすると、自分で確かめることには何か特別な力があります。そこからなぜ直接観察することがこれほどまでに説得力があり魅力的な学習行動なのか、という非常に興味深い疑問が浮かんできます。次の章では、この問いから始めましょう。

注

（1）マーク・トウェイン著『ハックルベリー・フィンの冒険』のオンライン復刻版は、http://www.gutenberg.org/files/76/6-h/76-h.htm#contents を参照。第19章冒頭の段落より抜粋。〔斉藤健一訳『ハックルベリー＝フィンの冒険（上）』講談社、一九九六年、二七三―二七四ページ〕

（2）Wolf, W. (2007). Description as a transmedial mode of representation: General feature and possibilities of realization in painting, fiction, and music. In W. Wolf & W. Bernhart (Eds.), *Description in Literature and Other Media* (1–87). Amsterdam: Rodopi.

（3）Lopez, B. (2001). *Arctic Dreams*. New York: First Vintage Books, pp. 170–171. 石田善彦訳『極北の夢』草思社、一九九三年、一七三ページ

（4）Rybczynski, W. (2016). *Now I Sit Me Down: From Klismos to Plastic Chair: A Natural History*. New York: Farrar, Straus and Giroux, p. 3.

（5）Waters, S. (2002). *Fingersmith*. New York: Riverhead Books, p. 496. 中村有希訳『荊の城（下）』東京創元社、二〇〇

四年、二九〇―二九一ページ

（6）Wilson, E. O. & Liitschwager, D. (2010, Feb.). *National Geographic*. Retrieved from http://ngm.nationalgeographic.com/2010/02/cubic-foot/wilson-text. Edward O. Wilson より許可を得て転載。〔https://walktolearn.outofedenwalk.com/2014/07/21/slow-looking-and-complexity/〕

（7）Office of Charles and Ray Eames. (1977). *Powers of ten*. Retrieved from https://www.youtube.com/watch?v=0fKBhvDjuy0.

（8）Gordon, W. J. J. (1961). *Synectics: The Development of Creative Capacity*. New York: Harper & Row.

（9）Kafka, F. (1988). *The Metamorphosis, In The Penal Colony, and Other Stories*. New York: Schocken Books.

（10）Young, E. (2004). *I, Doko: The Tale of a Basket*. New York: Philomel Books.

（11）Berger, J. (2011). *Bento's Sketchbook*. New York: Pantheon Books, p. 150.

（12）Canfield, M. R. (Ed.). (2011). *Field Notes on Science & Nature*. Cambridge: Harvard University Press, pp. 161–162.

第5章 博物館で見る、確かめる

ある天気のよい日、あなたは友人と海岸を歩いていたとしましょう。打ち寄せる波が岸に届き、その波が引いていくときに、キラキラと輝く貝殻を残していきました。友人はそれを拾おうと身をかがめ、貝殻を見て「おもしろい」と声を上げます。「こんな貝殻見たことない」。もっとよく見ようと彼女の手から貝殻を取り上げたいという一瞬の衝動を抑えて、興味を引かれたあなたは身を乗り出して見てみます。しばらくして、彼女は「ほら、見て」といって貝を渡してくれます。

この「よく見てみたい」という衝動は、あまりにもありふれたものなので、私たちはほとんど意識していません。自然界のものでも、芸術作品でも、路上での騒ぎでも、何か好奇心を刺激されると、自分の目で確かめてみたくなるものです。もちろん、自分の目で確かめることが常に現実的とは限りません。費用や時間がかかりすぎたり、専門的な技術や訓練が必要だったりすることもあります。野生生物学者は、自然の生息地で動物を観察するために世界中を旅するかもしれません。私たちの多くは、たんに動物園に行くだけでしょう。一方で、今回の貝殻のように、「自分で確かめたい」衝動を、ただ見るだけという比較的少ない労力で満たすことができる日常的な場面はたくさんあります。しかし、一見単純な方法で満足を得られるように見えても、それが妨げられる興味深いことがあります。

たとえば、友人が貝殻を見せてくれるのではなく、手に持ったまま、その特徴を丁寧に説明してくれたとしましょう。たとえその貝殻のイメージが完璧にできていたとしても、あなたはそれに満足できないでしょう。また、その友人が貝殻を見せてくれるのではなく、何気なく波打ち際に投げ捨てたとします。大したことではないかもしれませんが、彼女があなたの手の届かないところに放り投げたとき、少なくとも一瞬、好奇心が妨げられたような気がするでしょう。また、友人が熱心な貝殻収集家で、携帯電話でその貝殻をグーグル検索し、すぐにその貝殻の属名と種名を特定したとします。彼女が何を見つけたのか気になるかもしれませんが、その情報だけでは満足せず、やはり自分の目で見てみたいと思うのではないでしょうか。

もちろん、このようなことはそう起きるわけではありません。普通の人と同じように、友人は自分で見てみたいという気持ちを本能的に理解し、親切に貝殻を渡してくれるでしょう。貝殻を手のなかでひっくり返してしばらく観察すると、外殻の色のついた縞模様や、エナメルのような光沢のある内部など、いくつかの特徴に気づきます。好奇心が満たされたあなたは、その貝殻を友人に返します。彼女はそれをポケットにしまい、二人はまた歩き始めます。

自分の目で見てみたいという衝動は、抑えがたく、またどこにでもあるものです。一日に何度、あなたは立ち止まって目に留まったものを観察しているか考えてみてください。これには理由があって、ただたんに一時的な好奇心を満たすためだけではありません。自分の目でものを見ることで、膨大な量の情報を統合的に取り込んでいるのです。貝殻を例に考えてみましょう。貝殻を手に取って五秒も眺めていれば、その形や色、内側と外側の質感がわかるでしょう。また、貝殻の年齢に関する手がかり（複数の同心円状の隆起）や、貝殻に住んでいた生きもの（繊維状の筋肉の痕跡）にも気づくかもしれません。さらには、それを自分と結びつけてみるかもしれません。このような貝を見たことがあるか、自分にとって興味のあるものかどうか、自分の知っている他のものとつながりがあるのか、などについて考えるでしょう。これらはすべて、この文章を読むよりもはるかに短い時間でできるのです。

自分の目で確かめることの成果

自分の目で確かめるというのは、さまざまな理由で引き起こされる知識探究の行動です。一方の極には、刺激に対して自動的に反応する、本能的な行動があります。背後で大きな音がすると、振り返って見てしまうでしょう。「自分の目で確かめたい」という衝動は、ほとんどの生物に共通するもので、その機能は生存に関わる情報を提供することにあります。捕食者やその他の差し迫った脅威が近くにいるか、戦うべきか逃げるべきか、食物が近くにあるか、繁殖の機会があるかどうかを生物に伝えます。見る、嗅ぐ、触るなど、五感を使って素早く情報を集める行為は、意図したものではなく、本能によって引き起こされるのです。

もう一方の極には、好奇心や興味で見る行為がありますが、その理由はさまざまです。たとえば、雨が降っているかどうか確かめるために窓の外を見るように、私たちは何かの現実を確認したり、否定したりするために見ています。レストランを覗いてそこで食事をしたい雰囲気かどうか確かめるように、何かの全体像を把握したり、状況を素早く読み取ったりするために、自分の目で確かめようとします。たとえば、部屋の家具の配置を検討し、ものを移動させることを思い浮かべるように、物事を違った形で想像できるかどうかを確認するために、自分の目で確かめる。そして、いたましいものに対する複雑なショックや、異常なものに対するスリルを味わうために、自分の目で確かめる。交通事故現場を見たり、曲芸師の演技に驚嘆したりするために首を伸ばすときがそうでしょう。私たちが自分の目で確かめるのは、閉じたドアから覗き見るように禁断のものを見るという後ろめたい喜びを味わうためでもあります。また、新しい街を観光したり、店の窓を覗いたり、友人がたまたま拾った貝殻を見たりするように、たんにそこにあるものを見るために自分の目で確かめることもあります。

直接観察する理由はさまざまですが、共通しているのは、自分の目で確かめる行為が認知的なものであることです。何か新しいことを知ったり、感じたりするための行為なのです。しかも、先ほどの貝殻の例のように、パッと見るだけで複数の異なる事柄を一度に知ることができるので、自分の目で確かめる行為は集中的な認知の一形態であることが少なくありません。

注目すべきは、私たちは生命維持が必要な側面から離れていくと、「見る」という行為がしばしば楽しいものになるということです。その楽しさは、好奇心を満たすという痒いところを掻くような単純なものから、芸術作品を一時間かけて見ることで得られる込み入った満足感まで、多様かつ複雑なものです。もちろん、自分の目で確かめるという行為のなかには、嫌なものや辛いものもたくさんあります。しかし、自分で見たいという衝動が、興味や好奇心、快楽の追求、あるいはたんなる生存のためのものであるかどうかにかかわらず、その欲求の力は根強く、深いものがあります。そのため、人類には見ることを目的とした文化施設の長く確かな歴史があります。

最古の博物館？

一九二五年、考古学者のレオナード・ウーリー〔一八八〇―一九六〇〕は奇妙な発見をしました。彼と彼のチームは、シュメールの古代都市ウルで宮殿を発掘していました。宮殿の大きな部屋の内部を掘っていると、一見意味不明の遺物群が出土しました。それは、さまざまな時代の像や石の断片が、丁寧に並べられているように見えたからです。すべての遺物は、宮殿の場所よりも古く、なかには一五〇〇年近くさかのぼるものもありました。また、破片の多くは、展示用にわざわざ角が削られているように見えました。さらに掘り進めていくと、三つの言語の文字が書かれた小さな粘土の円筒がいくつか出てきました。ほどなくして、この円筒は、博物館の専門家が「展示解説」や「資料ラベル」と呼ぶものの古代版であることを彼は理解しました。

ウーリーの発見は、世界最古の博物館と呼ばれていますが、この原始的な博物館は、新バビロニア帝国最後の王ナボニドゥスの娘、エンニガルディ王女によるものであることがわかっています。ナボニドゥスは、歴史の研究に強い関心を持っていたことで知られています。先祖代々の血筋ではなく戦争によって王位を得たため、自身の主張を正当化するような歴史にとくに関心があったと考えられています。王女としてのエンニガルディの任務は、帝国の宗教的・教育的な生活を監督することでした。彼女の部屋から出土した品々は、その多くがナボニドゥス自身によって以前に発掘されたものですが、それらは鑑賞者にじっくりと直視させるように構成されているように見えました。王女が何を期待してこれらの遺物を展示したのか、正確に知ることはできません。もしかすると、見る人に歴史的なつながりを感じてもらいたかったのでしょうか。あるいは一族の博識に畏敬の念を抱かせ、一族の王位継承の歴史的意義を納得させたかったのでしょうか。彼女はその品々を美しく、あるいは素晴らしいと考え、それを見る喜びを他の人にも味わってもらいたいと思ったのかもしれません。おそらくそのすべてでしょう。今わかるのは、王女の部屋には精選された工芸品が展示されており、現代人の目には博物館と同じように見えるということです。

博物館の考え方

博物館とは、自分の目で見ることの喜びや力を追求する文化施設ですが、直接観察することが唯一の目的ではありません。市民が集う文化的・社会的な空間であることはいうまでもなく、ものや経験などの収集、キュレーション、保存、修復、展示、アーカイブなど、さまざまな役割を担っています。しかし、人びとが自分の目で見たり、直接体験したりすることが意義あることだと信じないのであれば、博物館の代わりに倉庫や個人のコレクションがあるだけになってしまうでしょう。

世界にどれくらいの数の博物館があるのかを正確に知ることは難しいですが、最近の推定では二〇二カ国に五万五〇〇〇の博物館があるといわれています(1)。美術館や科学館、歴史的な建造物、植物園や動物園、さらにはシャベルや時計、配管といったものに関する専門的な博物館まで、じつにさまざまな種類の博物館がここに含まれていることは、博物館に詳しい方ならおわかりいただけるでしょう。

これほど多くの種類の博物館が存在するという事実は、博物館の概念についてある重要なことを物語っています。それは、博物館が人びとの想像力を生き生きと捉え、さまざまな事業の中核としていかに見事に機能しているかということです。

メアリー・アレクサンダーは、その著書『変わりゆくミュージアム（Museums in Motion）』の冒頭で、ミュージアム・エデュケーターであるリチャード・グローブの言葉を紹介しています。

病院は病院、図書館は図書館、バラはバラである。しかし、博物館とは、コロニアル・ウィリアムズバーグ、ウィルカーソン夫人のフィギュアボトル博物館、ニューヨーク近代美術館、アシカの洞窟、アメリカ自然史博物館、バートン・ウィスキー歴史博物館、クロイスターズ美術館、そしてノエルの箱舟〔当時、アメリカで飼育展示を行った〕やチンパンジーの農場、ゴリラの巡回ショーなどだ。(2)

グローブはこの文章を一九六九年に執筆しています。それから約五〇年が経ち、子ども博物館や科学博物館、報道博物館など、体験型の博物館が爆発的に増えています。また、レンガとモルタルのコレクションのデジタル展示から、アジアンポップスのレコードジャケットのギャラリーや、マンホールの蓋の博物館といった完全なオンラインのものまで、オンラインミュージアムが存在します。実際、膨大な数のオンラインミュージアムを集めてキュレーションする「オンラインミュージアムのミュージアム（Museum of Online Museums, MoOM）もあります（先に挙げた五万五〇〇〇の博物館の数にはオンラインミュージアムは含まれておらず、おそらく数え切れないまま拡大を続けているのでしょう）。博物館は、提供するものが多岐にわたるだけではありません。その目的も、文化的価値についての考えを伝える、好奇心を刺激する、家族で楽しめる余暇活動を提供する、あるいは社会変革や文化交流のための拠点として機能するなど、さまざまあります。

実際、多くの、そしておそらくほとんどの博物館がコレクションを中心としているにもかかわらず、過去数十年のあいだに、博物館が重視するものは「収集と保存」から来館者へと変化してきています。博物館学者のスティーヴン・ワイルが二一世紀を目前にして書いた有名な言葉によれば、博物館は「何かについての存在から誰かのための存在へ」と移行しているのです。(3)アメリカではこのような移行は、しばしば「進歩主義の時代」と呼ばれる頃にまで遡ることができます。進歩主義の時代とは、政治的腐敗を阻止し、都市・工業文明の悪影響に対抗して個人の生活を改善することを目的とした、およそ一八八〇年から一九二〇年までの社会運動と政治改革の時代のことです。ジョージ・ハインは、その見事な著書『進歩主義的博物館の実践（Progressive Museum Practice）』のなかでこの歴史を検証し、進歩主義的な時代の精神にもとづいて生まれた現代の進歩的な博物館の考え方は、公共の利益に貢献することだと論じています。ハインは博物館を、来館者の生活を向上させ、民主的な市民としての能力を高めることができるようなさまざまな教育的・社会的経験を提供する、社会のなかの進歩的な施設であると考えています。この発想は今日、少なくとも部分的には実現されており、博物館は授業や講義、映画、演劇、地域の集会、社交行事、家族の集まりなど、さまざまな活動を提供するようになっています。それでもなお、博物館を名乗るためには、来館者が何かを直接体験する可能性がどこかに含まれていなければなりません。その体験は、教訓的になりすぎず、来館者自らの好奇心や感覚、意味づけに従う余地が求められるのです。

博物館と集中的な認知

博物館の種類は驚くほど多様で、そこで行われる活動も多岐にわたっているにもかかわらず、なぜ博物館という概念がうまく成り立っているのでしょう。その答えの一部は、本章の前半で指摘した、自分の目で確かめることのさまざまな目的と結果に関係しています。私たちはさまざまな理由からものを見ます。あることが真実かどうかを確信するために、あるいは「自分の目で見る」ために、ニュアンスや細部を見分けるために、美的な喜びを味わうために、情報を得るために、恐怖やスリル、感動や楽しみを味わうために。博物館には、細部にとらわれすぎず、複数の目的を同時に達成できます。私たちがこれほど雑多な博物館とその多様な使命を許容し、実際に受け入れているのは、自分の目で物事を見ることで無数の深い満足感が得られることの証でしょう。自分の目で見ることがなぜ魅力的なのかを常に自覚する必要はありません。ただそのようなものであることを知っているだけでよいのです。

だからこそ、認知的な観点から博物館で何が起こっているのかを問うことは、より興味深いことなのです。

友人の貝殻を見るという先ほどの例のように、博物館でものを見るときには、たとえ自分が得た知識をうまく表現できなくても、私たちは膨大な量の情報を統合しているのです。実際、知識というと誤解を招くかもしれませんが、博物館の理念の特徴のひとつは、来館者としての体験の価値を、来館者が獲得した知識の量に直接結びつけていないことにあります。言い換えれば、私たちは博物館で何かを学ぶことに大いに期待をしていますが、得られた情報の量だけで体験の質を判断するわけではありません。博物館での体験がもたらす全体的な認知的成果は、知識を完全に理解したという感覚よりも、好奇心や可能性が広がる感覚であることが多いのです。大小さまざまな博物館は、長いあいだこのことをわかっていました。一八四九年にコルカタのアジア協会博物館〔一八一四年設立。現在のインド博物館〕について書いたある無名の司書が、このことを見事に捉えています。

編者（著者）は、博物館の範囲と目的が厳密に理解されてしまうことを懸念している。博物館とは、名前や日付、そして多少の好奇心を刺激する程度の説明からなる、珍奇なコレクションの包括的な登録簿のようなものであり、それ以上の期待はすべきでない、という理解である。(4)

ヴンダーカンマー

先に「珍奇なコレクションの包括的な登録簿」と呼ばれたアジア協会の博物館は、一六世紀末にルネサンス期のヨーロッパで発展し、そののち、博物館という近代的な概念を形成してきたヴンダーカンマー（wunderkammer）をモデルとして作られています。

ヴンダーカンマーとは、「好奇心の部屋（cabinet of curiosities）」「驚異のキャビネット」「驚異の部屋」とい

図5-1　好奇心の部屋（Cabinet of Curiosities）。フェランテ・インペラート『Dell'Historia Naturale』（ナポリ、1599年）より。パブリックドメイン

う意味です。おもに商人や貴族が作ったもので、あらゆる種類の標本や異国の品々を百科事典のように集め、丁寧に注意深く分類分けし、直接観察できるように展示していました。ヴンダーカンマーには、自分で見ることの魅力を利用して、来訪者に収集家の博識を示すこと、富と権力を示すこと、収集家の類型化や分類の正しさを見る人に納得させること、科学についての議論を刺激すること、目を楽しませることなど、多くの目的がありました。

好奇心の部屋のもっとも古い図版としてよく知られているのは、ナポリの裕福な薬屋であるフェランテ・インペラートのものです。図5－1に示す一五九九年の版画では、インペラートの息子が二人の訪問者に部屋の不思議さを示し、インペラート自身がそれを見ている様子が描かれています。よかったら、この絵をゆっくり見てください。数分間、目を泳がせて全体を眺めてみ

てください。何か気づいたことはありますか。

見どころはたくさんあるはずです。ある書き手はこう表現しています。

アーチ型の天井の全面が、保存された魚類、哺乳類の剝製、奇妙な貝殻で埋め尽くされ、中央にはワニの剝製が吊るされている。本棚には珊瑚の標本が並んでいる。左側の空間には、書斎（ストゥディオーロ）のような作りつけのキャビネットがある。キャビネットの表面の鍵を開けると、小さな鉱物標本で満たされた複雑に組み合わされた仕切りが現れる。その上には、大理石や碧玉などの四角く磨かれた石のサンプルがはめ込まれたパネルや、標本用の仕切り棚を背にして鳥の剝製が並んでいる。その下の戸棚には、標本箱や蓋つきの瓶などが並んでいる。(5)

ヴンダーカンマーは、そのコレクションの幅広さや展示の鮮やかさだけでなく、巨大なキャベツや奇妙な模様の貝殻など、分類を困難にする珍しい生物学的標本や、ユニコーンの角（のちにイッカクの牙と判明）や巨人の骨といった「自然の驚異」が含まれていたことで、人びとを魅了しました。これらは非常に珍重され、収集家はこれらの品々を手に入れるために多大な労力を費やし、しばしば手の込んだ解釈や捏造に頼った説明を試みました。珊瑚の塊は、石になったゴルゴーン〔Gorgon　ギリシャ神話で髪に数匹の蛇がからみつき黄金の大翼を持ち、目には見る人を石に化す力を持った三人姉妹の一人〕の残骸だと説明されたり、さまざまな動物の体の一部が巧みに縫い合わされて、ケンタウロス〔centaurs　ギリシャ神話で半人半馬の怪物〕、ヒュドラー〔hydra　ギリシャ神話でヘラクレスに殺された九つの頭を持つ蛇〕の頭、バジリスク〔basilisk　アフリカの砂漠に住み、ひとにらみで人を殺した伝説上の爬虫動物〕などの神話上の生きものとして展示されもしました。

現代の視点からすれば、これらの標本のいくつかをたんなる詐欺として片づけてしまうのは簡単です。しかし、そうすると、これらの捏造作品が意図していた「驚異」の複雑さを見逃してしまい、自分の目で見たいという衝動を満たす細やかな方法を理解しそこねるかもしれません。ルネサンス期の研究者であるポーラ・フィンドレンは、ヴンダーカンマーによく見られるエキゾチックな標本は、一種の「Lusus」（ラテン語で、遊び心のある冗談やスポーツ、ごまかしの意）と考えられると説明しています。「Lusus」は、一六－一七世紀の博物学において二つの意味を持っていました。「Lusus naturae」とは自然のジョークであり、岩を人間の骨の形にしたり（自然がふざけてごまかしている）、素晴らしい形の貝殻や色鮮やかな花を作ったり（自然が楽しい気晴らしとしてやっている）するなど、ものの外観を作るさいに自然が遊び心でやっていることを意味しています。たとえば、一七世紀の収集家ロドヴィコ・モスカルドは、自分の博物館にある絵が描かれているように見える珍しい石について次のように述べています。「この石には……自然と芸術の戯れを見ることができる。というのも、この石には、木や家、田園風景の形をした多くの線が見られ、あたかも有名な画家の熟練した手がそれらをスケッチしたかのようだから[6a]」。フィンドレンは、ルネサンス期の博物学者や収集家は、「lusus」を自然の気晴らしであると認識していた、と述べています。並外れた、そして驚くべき方法で自らの姿を変えることで、自然は日々の仕事の疲れから逃れていました。創造のプロセスは美的な経験へと変えられ、そこにおけるlususは、その巧みな技が芸術そのものを問い直す試みのなかで展開されたのです[6b]。

第二の「lusus」は「lusus scientiae」で、これは知的なジョークです。これは、科学者や収集家が、たとえば、剝製にされた子羊をトウモロコシの木に縫いつけてタカワラビ〔Scythian lamb：木性シダの一種。根茎には毛が密生し子羊を想像させる〕にするなど、幻想を生み出すために製作するものです。鑑賞者にとっては、それはそもそも本物なのか、その幻想がどのようにして生じたのかを考えることも、鑑賞の一部となるかもしれません。一六六四年にイタリアを旅していたイギリス人兵士が、ある公爵の宮殿に展示されていた標本を次のように語っています。

七つの頭を持つヒュドラーで、真ん中の頭が一番大きく、二本の犬歯とそのあいだに六本の小さな歯がある。二本の足にはそれぞれ四つの爪があり、背中には五列の結節がある。……このヒュドラーはおそらく架空のもので、頭はケナガイタチあるいはその種のもので、体と足はアナウサギかノウサギ、尾は普通のヘビの皮でできていて、背中と首も同じもので覆われていた。(7)

図5-2　骨董品のヒュドラーの描写。パブリックドメイン

フィンドレンが説明するように、この種の見世物は、「見る者を、自然から人工への微妙な変化を理解することでジョークに参加させるか、あるいはそれに騙されて、ある意味で自分自身がジョークになるかのどちらかに誘う」ものでした。(8)さらに、「自然のジョーク（lusus naturae）」をでっちあげるにあたって、たとえば、トカゲの体に雄鶏のくちばしを縫いつけ、科学的な分類に異議を唱える生きものを示すことで、ナチュラリストや収集家は、自然が遊び心で作り上げたカテゴリー化を拒む「自然のジョーク」が働く仕組みを真似るかのように楽しんでいたのかもしれません。

博学から凝視へ——P・T・バーナム

「ミュージアム」という言葉には、文化的に認められ、知的に価値がある、といった高尚な響きがあります。しかし、「ヴンダーカンマー（驚異の部屋）」が示しているように、学術的な鑑賞と異形のものを楽しむ心情とは紙一重です。博物館の他にも、私たちの文化的娯楽の多くは、見世物と学問のあいだの境界線を意図的に曖昧にすることで、人びとの「自分の目で確かめたい」という衝動の力を利用しています。このことを誰よりもよく理解していたのは、アメリカの収集家であり宣伝家であるP・T・バーナム〔一八一一—九一〕でしょう。

フィニアス・テイラー・バーナムは、一八一一年に生まれ、後年、「バーナム&ベイリー・サーカス」を始めたことで知られています。しかし、六一歳でサーカスを始める前、バーナムはニューヨークのブロードウェイで大成功を収めたアメリカ博物館の創設者兼運営者として、長く華やかなキャリアを積んでいました。一八六五年、博物館は悲惨な火災に見舞われます。バーナムの才能は、娯楽、教育、そして「高尚なもの」と「低俗なもの」を見る楽しみを、ひとつのものにまとめる方法を理解していたことです。バーナムは、埃を被った古いヴンダーカンマーのコレクションを買い集め、それに見世物小屋の出し物を組み合わせ、豪華絢爛な空間で大衆に提供したのです。人びとはそこで、高尚で博学趣味的な経験と見世物的な欲求が同時に満たされたことでしょう。

この博物館（入場料二五セント）で見ることができたのは、膨大な貝殻や鉱石のコレクション、世界中から集めた動物の剝製の膨大なコレクション、ジョージ・カトリン〔一七九六—一八七二、アメリカ西部開拓時代の画家、著述家、旅行家〕によるネイティブ・アメリカンの絵画や工芸品、親指トム将軍〔本名チャールズ・ストラットン。小人症の芸人として名声を博す」がヴィクトリア女王との面会で、またそれ以外でも着ていた豪華なミニチュアの衣装、そして生きたウサギを食べるボアコンストリクター〔Boa constrictor　熱帯雨林やサバンナに生息するヘビ。大型になると三メートルほどになる〕、さまざまな種類の魚や二頭のクジラが泳ぐ巨大な水槽、などでした。来館者は、リヴィングストン「教授」と呼ばれた博物館専属の骨相学者に自分の頭の表面の特徴を調べてもらったり、シャム双生児のチャンとエンに会ったり、有名なフィジーの人魚（女性のミイラと思われているが、実際はサルの乾燥した頭をオランウータンの胴体に縫いつけ、魚の背中に取りつけたもの）を自分の目で見たりすることができました。

バーナムの博物館は、学術的なものと見世物的なものとの境界を意図的に曖昧にしたのかもしれませんが、西洋の有名な百科全書的な博物館の多くは、目が眩むほど膨大な数の珍しい品々を並べ展示するという発想が根底にあります。大英博物館やスミソニアン博物館、ルーヴル美術館、メトロポリタン美術館などの博物館・美術館は、歴史的、文化的、美的、科学的に希少なものや重要なものを収集し、それらを体系的に整理

図5-3　バーナムによるフィジーの人魚。『The Life of P. T. Burnum』（1855年、バーナム自身が執筆）より。パブリックドメイン

して展示し、鑑賞者に見てもらうという慣習を反映した、現代の驚異の部屋（ヴンダーカンマー）の系譜に連なるものです。

もちろん、すべての博物館がヴンダーカンマーのような感性を反映しているわけではありません。実際、この四〇年ほどのあいだに、ある意味ではヴンダーカンマーとは対極にある、テーマ型の博物館が大きく台頭してきました。カナダのウィニペグにあるカナダ人権博物館やブラジルのサンパウロにあるポルトガル語博物館、ワシントン州シアトルにあるＥＭＰ（Experience Music Project）博物館〔現在はポップカルチャー博物館〕などです。これらの博物館は、物理的なものよりも没入型の体験を中心に据える傾向があります。また、これらの博物館はテーマ別に構成されているため、ヴンダーカンマーのように意図的に幅広い内容を提供することはありません。それでも、テーマ型の博物館では、来館者自身に体験してもらうことを前提にした展示が行われています。

博物館は「自分の目で確かめる」場になっているか

博物館の理念が、自分で見たり体験したりする魅力に根ざしていると考えたとしても、博物館に長い時間身を置いてみると、多くの博物館の慣習がそれを妨げているように思えるかもしれません。壁の解説文には、何を考え、何を見るべきかが書かれています。音声ガイドやミュージアムツアーはある特定のものに注意を向けさせます。展示物は思索に誘うというよりも主張をするために設計されているように見えます。そして、椅子は最低限、場合によってはひとつもないこともある展示空間は、ゆっくり過ごすよりも歩かされる設計になっているかのようです。実際、こうした慣習は、われわれが伝統的な博物館と考えるものとしてはごく一般的です。大都市によく見られる寺院タイプの都市建築で、大人数を収容でき、複数の時代や地理、様式にまたがる膨大なコレクションを有する、といったところでしょうか。しかし、時にこのような問題があるにもかかわらず、博物館が多くの人びとを魅了し続けているという事実は、博物館という理念が不完全ながらも魅力的であることを物語っています。自分自身の目で確かめる、とりわけ私たちが希少で価値があり重要だと考えるものを確かめることの可能性は非常に魅力的であるため、この考え方を続けていくために博物館は理念の完全な実現をめざす必要はないのです。実際、ソーシャルメディアが発達した現代では、有名な博物館の展示物の前での「自撮り」が大流行していることからもわかるように、自分の目で見るという行為には社会的な価値があるのです。

このような博物館という理念の魅力の一方で、たとえ博物館が、自分の目で物事を見たいという人間の衝動に応える素晴らしい役割を果たしているとしても、必ずしも人びとがゆっくりと見る力を身につけるのを支援しているわけではない、という反論もあり得ます。これを裏づける調査結果があります。来館者がひとつの芸術作品の前にいる時間は平均一五—三〇秒で、そのうちの大部分は壁の解説ラベルを読むことに費やされている、というのです(9)。

私たちのパッと見る（ファスト・ルッキング）傾向は、博物館のせいばかりではありません。本章の冒頭で紹介した貝殻の話にもあるように、人間には、最小限の認知努力で最大限の意味を引き出そうとする性質があります。パッと見るという行為は、膨大な情報を集めるのです。しかし本書の前提は、たとえ比較的短い時間であっても、意図的に最初の一瞥を長くし、それを持続させていくことで大きな利益が生まれる、ということです。したがって、来館者がパッと見ただけの状態から持続的な観察へと移行することを実際に促している博物館の実践に注目する価値があるのです。

そのような実践を探すのによい場所のひとつに、博物館の教育部門が提供している事業があります。皮肉なことに、大人よりも若者の方が持続的な観察に取り組むためのサポートを必要とするという一般的な誤解があるため、こうした実践は若者向けの博物館事業でよく見られます。

博物館における視覚的探究プログラム

ワシントンD.C.にあるナショナル・ギャラリーの東棟では、地元の公立学校に通う五年生のグループが、ショー・メモリアルの前に半円を描いて座っています。ショー・メモリアルは、ロバート・グールド・ショー大佐〔一八三七―六三〕と、南北戦争でアフリカ系アメリカ人が初めて入隊した第五四マサチューセッツ歩兵連隊の兵士たちを記念して作られた、緑青のかかったブロンズのレリーフです。ミュージアムガイドは彫刻の少し横に立ち、このグループを率いて作品について探っていきます。「彫刻の表面全体を見てみてください」と彼女はいいます。「おもにどんなものを見つけましたか。そして、気づくのに少し時間がかかった細かな部分は何ですか」と問います。生徒たちはしばらく黙っていましたが、馬やそれに乗る男性など、作品の明らかな特徴をいくつか挙げ始めました。ガイドは、「他に何が見えますか」と質問して、生徒たちに続けるように促します。

生徒が手を挙げて、「斜めの線が見えます」と答えます。どこに見えるかとガイドが尋ねると、「人の足にも、馬の足にも」と答えました。突然、何人もの手が上がり、早く当てて欲しそうにそわそわし始めます。一人の生徒は、斜めになった銃身を指さしながら、手を斜めに上下させて銃がどこを向いているか示します。もう一人の生徒は、太鼓を叩くバチの斜めの線を指さします。やがて生徒たちは、「上にいる女の人」とその上にある星、「人の背中にある巻かれた寝袋のようなもの」など、作品の細部を挙げ始めます。ガイドは、よく見るように促し続けますが、この時点で生徒たちにはほとんど何もいわなくてもよくなります。観察することが楽しくなってきた生徒たちは、新たな発見のたびに、次の発見へと駆り立てられます。やがて観察が一段落すると、ガイドは作品の解釈に話を移します。「この彫刻のなかでは何が起きていると思いますか」と問いかけ、生徒が答えを導き出すときには、自分の観察結果と説明とを結びつけるように促します。

これは、ナショナル・ギャラリーがワシントンD．C．地域の、とくに低所得世帯の生徒が多い小学校を対象に実施しているプログラム「身近なアート（Art Around the Corner）」での実話です。[10] このプログラムでは、美術館での学習において、ここ数十年で増加しているいわゆる目で探究することをベースにした手法を用いています。その基本的な考え方は、来館者に美術品やその他の展示物を自分で観察してもらい、その観察結果から好奇心を刺激して、自分なりの疑問や解釈を生み出す体験を構成するというものです。このアプローチは、子どもや大人のグループが、知識豊富なガイドに誘導されて、事実を教えられたり、何を見るべきかを指定されたりするような、従来の講義的な美術館での学習方法に代わるものとして人気を集めています。探究型の体験は、鑑賞者が何に気づき、何を疑問に思うかを尋ねることから始まります。

博物館で行われる目で探究するプログラムは、問題解決型学習（problem-based learning）、興味主導型学習（interest-driven learning）、場合によっては生徒中心型学習（student-centered learning）など、学校においてさまざまな名前で普及している教育手法の特殊な応用です。もともとは科学教育の文脈で開発されたもので、学習者が純粋な興味から疑問を持ち、その疑問をもとに探究することで、学習をより意味のある、より本質的に面白いものにすることを目的としています。探究型学習の根底にあるのは、構成主義の教育思想です。構成主義とは、人は興味にもとづいた経験と反省の往還により、世界に対する自分の理解を構成することでもっともよく学ぶという考え方です。

探究型学習というと、探究したいテーマを教師ではなく生徒が選ぶという単純な発想に陥りがちです。この考え方自体は正しいのですが、学習における気質の面が考慮されていません。教育サイト「エデュトピア（Edutopia）」に掲載されているある教師の言葉を借りれば、「探究型学習とは、生徒が知りたいことを尋ねるだけではない。それは好奇心を刺激することである」[11]。このコメントは、探究型学習と自分で確かめることの重要な関連を強調しています。つまり、自分の目で確かめたいという衝動は、好奇心のあらわれであり、刺激剤でもあるのです。この衝動を経験することは、私たちが何かに興味を持っていることを知らせるものなので、もっとも基本的な意味での好奇心の徴候といえます。自分の目で確かめることは、直接的な関与のひとつの形態であるため、好奇心を刺激するのです。自分の目で見たいという衝動は、私たちと世界の対象物を視覚的に結びつけ、そのものを見たい、もっと知りたいと思わせてくれます。後者の点は、先ほどのショー・メモリアルの話にあらわれています。ある生徒が銃身の斜めの線を指摘すると、他の生徒は自分の目で確かめようとし、それが作品のなかにもっと斜めの線があるのではないかという好奇心につながり、さらに他の細部にも気づくようになるのです。

「探究」という言葉は、何かを「調べる（looking into）」ことを意味しますが、長時間の観察はまさに調べることそのものです。この言葉は、ある現象の原因を探る科学的な調査や、犯罪の背後にある事実を探る警察の捜査のように、特定の終着点や目標を持った過程を説明するのに使われることもあります。しかし、探究は終わりがない場合もあります。調べるという行為は、進めていくなかでその道がさらに拓けてくるものであり、生徒たちとショー・メモリアルのあいだで起こっていることがこれに該当します。観察するなかで見えてくるというこのプロセスは、自分の目で確かめることと、探究にもとづく学習とのもうひとつの重要な関係を示しています。自分の目で見ることが長期にわたる観察へと発展していくと、それは探究の一形態となります。目を凝らして細部を観察し、新たな発見や微妙な判断をすることは、観察という行為を発見の道へと導くものであるため、それ自体が探究の様式だといえます。

多くの美術館では、教育プログラムに探究的なアプローチを採用しています。インフォーマルに行っているところもあれば、構造化された教育プログラムを使っているところもあります。そのようなプログラムのひとつに、アメリカや世界中の何百もの美術館で採用されているヴィジュアル・シンキング・ストラテジーズ（Visual Thinking Strategies）というプログラムがあります（一般的にはVTSという略称で知られています）[12]。

VTSでは、ファシリテーターが、三つの具体的かつ答えのない質問を用いて、芸術作品についてグループで会話をします。「この絵のなかでは何が起きていますか。何を見てそう思いましたか。さらに何を見つけましたか」。自分の目で確かめる行為は、VTSとも密接に関係しています。最初の質問をする前に、生徒たちは作品をよく見て、自分が見たものを説明するように促されます。そして、その過程を通して、作品を丁寧に見続け、観察したものを詳しく説明し、作品から感じ取った視覚的な証拠で自分の考えを裏づけるように促されます。この方策はシンプルで強力、かつ効果的です。生徒たちは、構造化された議論に積極的に参加し、自分の目で見ることを純粋に奨励され、真の探究心にもとづいて、自身が提起した観察、質問、アイデアを追究することで、作品の意味を探究していくのです。

VTSがうまく機能している理由のひとつは、生徒が三つの核となる質問を簡単に理解できることです。この質問は、学齢期の子どもたちにとってなじみのある思考パターン、つまり証拠を用いて推論することに沿っています。そのため、子どもたちにとってなじみのある言葉であり、質問の意図を簡単に理解できるのです。「この絵のなかでは何が起きていますか」という質問では、生徒に解釈を求めます。「何を見てそう思いましたか」という質問では、自分の解釈を裏づける直接的な視覚的証拠を示すことを求めます。根拠や解釈といった推論の専門用語には必ずしも精通していないかもしれませんが、小さな子どもでも、これらの質問に答えようとするときの思考の基本的なパターンを理解しているのです。

鑑賞者が自分の目で見て、自然な思考パターンに従うように促すことは、美術館での探究的なアプローチの柱であり、そのようなアプローチのひとつが「アートフル・シンキング（artful thinking）」と呼ばれるものです[13]。これは、先に述べたナショナル・ギャラリーでも用いられているアプローチです。アートフル・シンキングは、ＶＴＳと同様に、鑑賞者の美術作品への探究心を導くために、短くてわかりやすい方策を使用します。しかし、ＶＴＳのように推論の核となるひとつの方策を中心とするのではなく、いくつかの方策や「思考の手順（routines）」を含んでおり、鑑賞者がさまざまな方法で作品を探究するように導いています。たとえば、ナショナル・ギャラリーのミュージアムガイドで使われている思考の手順は、「見る（See）―考える（Think）―問う（Wonder）」と呼ばれています。これは、まず作品について多くの観察を行い（See）、次に解釈を深め（Think）、最後に作品についていくつかの質問を投げかける（Wonder）という三段階の過程で構成されています。アートフル・シンキング・プログラムの他の思考手順は、積極的に見ることの特定の側面に焦点を当てています。たとえば、第2章の「一〇種×二回見る」では、作品をじっくり観察することに重点を置き、長時間作品を見た後に、もう一度作品を見直すための仕組みを与えてくれています。また、「創造的な問い（Creative Questions）」という手順では、作品に対していくつかの異なる種類の問いを鑑賞者が持つよう促すことで、作品の複雑さについての理解を深めるのに役立ちます[14]。

概して、私は美術館における探究的なアプローチが大好きです。私は仕事を通じて、アートフル・シンキングの開発に参加し、このプログラムとＶＴＳの両方の効果に関する研究を行ってきました[15]。私がこれらの、あるいは同様の探究的な手法を好むのは、それらがうまく機能するからです。効果的に用いられるとき、人間と芸術作品との関わりを劇的に向上させてくれるのです。教室や美術館、ワークショップなどで、他の環境では通り過ぎてしまうような芸術作品について、グループで二〇分も三〇分も熱心に議論している人たちを、私は数え切れないほど見てきました。つまり、この成功の理由は、観察を長引かせるための仕組みを提供することで、自分の目で見てみたいという衝動を戦略的に利用していることにあります。しかし、これらのプログラムは強力である一方で、大きな課題も抱えています。まず、情報の問題があります。

情報は扱いにくい

探究型アプローチの基本的な考え方は、鑑賞者自身の観察から始まり、作品に長時間かかわることを促す一方で、それが本質だとされることもある作品に関する事実を知る必要は必ずしもないというものです。先ほどのショー・メモリアルの例では、五年生の子どもたちは、タイトルや題材などの重要な情報が示される前に、作品をよく見て、観察結果を共有し、作品についてどう思うかを話し合っています。これは、もし生徒から聞かれた場合でもその情報を教えないということではありません。見ることに夢中になっている生徒たちは、たまたま聞かなかっただけなのです。むしろ、作品から直接得られる視覚的な情報に魅了され、自分の発見や洞察にもとづいて疑問やアイデアを膨らませていくことを楽しんでいるようです。しかし、このアプローチを批判する人たちは、鑑賞者が誤った情報にもとづいた解釈をしてしまい、正しい経験から遠ざかってしまうことを懸念しています[16]。

探究的アプローチにおける情報の役割は、ミュージアムの専門家のあいだでしばしば議論されている問題です。数年前、二人の著名なミュージアム・エデュケーターがこの問題について公の場で議論し、その内容が雑誌『キュレーター（Curator）』に掲載されたのは記憶に新しいことでしょう[17]。この二人とは、フィラデルフィア美術館の教育担当シニア・キュレーターだったダニエル・ライスと、ニューヨーク近代美術館の元教育ディレクターでＶＴＳプログラムの共同開発者であるフィリップ・イェナワインです。

ＶＴＳのアプローチを代表するフィリップ・イェナワインは、視覚的な探究における情報の役割について、やや純粋主義的なスタンスで語っています。彼は、若い来館者が作品と出会う前に、何の情報も伝えないことを好みます。その代わり、外部からの情報がなくても体験できる適切な作品を選び、鑑賞者がよく見て、直接得られる視覚情報を最大限に活用できるように、慎重に議論を進める責任が教育者にはあると考えています。ダニエル・ライスもイェナワインと同様、よく見ることを奨励したいという立場です。しかし、彼女の仕事は、鑑賞者の経験を深めるために自身の知識や専門性を共有することだと考えており、鑑賞者が作品の理解を深めることができるように、議論に情報を重ねていくことをめざしています。ライスは、「初心者がアートを理解する手助けのさいに、どのような情報を持ち込むかについて、私たちはよくよく考えなければなりません。たいていは、間違った種類のデータを詰め込みすぎて、分析の過程を止めてしまうことがあるのです」と述べています。さらに彼女はこう続けます。

私は、作品に対する鑑賞者の自然な反応を補強し、強調するために情報を用いるのが一番よいと考えています。たとえば、ある母子の絵画に宗教的な意味があるのではないかと推理している人には、この絵は聖母マリアが幼いイエスを抱いているところです、と伝えます。このようにして、私は鑑賞者の反応を確認し、さらに分析するよう促しています。[18]

フィリップ・イェナワインは少し反論し、「情報」が意味するものによる、と答えます。

鑑賞者は図像に含まれる情報を深く掘り下げていくものであり、それが私には非常に重要なことです。美的経験をすることはもちろん、芸術を理解することも、芸術家が提示したものに深く関わることから始まります。私が教えているプロセスで省略されているのは、私が「周辺情報（information surround）」と呼んでいる、図像ではわからない絵画に関する事実や意見です。たとえば作家の人生に関する情報。あるいは、その作品がどのように作られたのか。……あるいは、美術史に詳しい人がつけた意味、などです[19]。

イェナワインは、初めて絵画を見る人には、「鑑賞者自身の観察が、画家の意図した観察と一致しやすそうな絵を選んで」勧めていると説明します。彼は次のように指摘しています。

このような意識をもってしても、エジプトの人物像や日本の浮世絵、タペストリー、あるいはブリューゲル、ゴヤ、メアリー・カサット、フリーダ・カーロらの絵画、写真家たちの作品など、選択肢はたくさんあります。初めて見る人は、私が何もしなくてもそれらの図像について議論し、追加の情報を必要とせずに豊かに解釈することができます[20]。

この議論の本質にあるのは、鑑賞者の経験ではなく、教育の技術に関する意見の相違です。ライスもイェナワインも、鑑賞者に芸術作品についての本物の魅力的な経験をしてもらいたいと考えているのです。また、鑑賞者が自分の目で確かめたいという衝動を体験し、それによって得るものがあることを望んでいます。そこからは、理解の進展と発見の興奮の両方が得られるのです。しかし、鑑賞者が獲得するものに対して情報がどう影響するかについては、両者の意見は異なります。私の考えでは、長期的にはどちらか片方だけが正しいということはあり得ないと思います。常に情報を与えられていると、徐々に自分の目で確かめたいという衝動が抑えられてしまいますが、時間をかけて自分の目で見ることで、より多くの情報を欲するようになることが多く、情報を差し控えることは逆効果となります。

先に述べたように、私は視覚的な探究にもとづく議論を十分に見てきたので、鑑賞者自身が深く見る機会を得たとき、どれほど夢中になるかを知っています。また、外部情報に一時的に制約されない状況で行われる観察が、より微妙なニュアンスを含んだものになることも証言できます。私が「少ないほど豊かである（Less is more）」の側に傾くのは当然でしょう。というのも、本書の前提は、パッと見るだけではなく、時間をかけて見ることで、きわめて多くの学びが得られるというものだからです。しかし、情報の役割についての疑問は無視できません。ゆっくり見ることが重要な学習方法であるだけでなく、教えることもできるということを主張するのであれば、教育者には、ゆっくり見ることから得られる利益を損なうのではなく、強化する形で、外部の情報を生徒の直接観察の経験に組み込む方法についての実践的なアプローチが求められます。ＶＴＳのように高度に構造化された方法や、ダニエル・ライスのようにもっと有機的で反復的な方法など、視覚的な探究にもとづくモデルはそのような手法のひとつです。

イェナワインとライスが対話のなかで念頭に置いている美術館での経験が、主として何らかのファシリテーションを受けたものであることは注目に値します。その経験は、実践のための計画と体系立った考えを持った教育者によって導かれ、通常、学習者のグループとかれらによるグループ・ディスカッションを伴います。それは、美術館の展示室を散策するようなあまり体系化されていないものよりも、学校で行われるものに近いでしょう。ここで、次の章の話題にたどり着きます。本章では、ミュージアム（博物館、美術館）が自分の目で見るという認知的喜びを体験できる膨大な種類の方法を提供したので、学習のための文化機関として現代において広く普及していることを論じてきました。また、ミュージアムという理念には驚くほど多様な事業をまとめるのに役立つ魅力があると述べてきました。次の章では、博物館よりもさらに広く普及していて、人びとの想像力を同じように強くかきたてるもうひとつの機関である学校を取り上げてみましょう。

注

（1）*Museums of the World.*（2012）. Berlin, Boston: De Gruyter Saur. Retrieved 3 Dec. 2016, from http://www.degruyter.com/

view/product/180440.〔リンク切れ。現在最新版である同書第二七版（二〇二〇年刊行）においても、世界二〇二カ国に五万五〇〇〇以上の博物館があることが述べられている。参考：https://www.degruyter.com/database/MOW/html〕

（2）Alexander, E. P. & Alexander, M. (2008). *Museums in Motion: An Introduction to the History and Functions of Museums*. Lanham, MD: AltaMira Press.

（3）Weil, S. (1999). From being about something to being for somebody: The ongoing transformation of the American museum. *Daedalus* 128(3), 229–258.

（4）Unknown author. (1849). *Catalogue of Curiosities in the Museum of the Asiatic Society, Calcutta*, India: J. Thomas, Baptist Mission Press.

（5）Retrieved from https://en.wikipedia.org/wiki/Cabinet_of_curiosities.

（6ａ）Quated in Findlen, P. (1990). Jokes of nature and jokes of knowledge: The playfulness of scientific discourse in Early Modern Europe. *Renaissance Quarterly* 43(2), 292–331.

（6ｂ）Ibid., p. 298.

（7）Ibid., p. 319.

（8）Ibid., p. 319.

（9）メトロポリタン美術館の来館者を対象とした二〇〇一年の調査では、作品鑑賞に費やされた時間の平均は二七・二秒、中央値は一七・〇秒であった。Smith, J. K. & Smith, L. F. (2001). Spending time on art. *Empirical Studies of the Arts* 19(2), 229–236.

（10）「身近なアート」の詳細については、http://www.nga.gov/content/ngaweb/education/teachers/art-around-the-corner.html を参照のこと。このストーリーは、ナショナル・ギャラリー・オブ・アートが制作したビデオに収められている。

（11）Wolpert-Gawron, H. (2016, Aug. 11). "What the heck is inquiry-based learning?" *Edutopia*. Retrieved from http://www.edutopia.org/blog/what-heck-inquiry-based-learning-heather-wolpert- gawron.

（12）http://www.vtshome.org/ を参照

（13）「アートフル・シンキング」の詳細については、http://pzartfulthinking.org/ を参照

（14） http://pzartfulthinking.org/ を参照

（15） Tishman, S. & Palmer, P. (2007). Works of art are good to think about: A study of the impact of the Artful Thinking program on students' and teachers' concepts of art, and students' concepts of thinking. In *Evaluating the Impact of Arts and Cultural Education* (89–101). Paris: Centre Pompidou.

（16） たとえば Burnham, R. & Kai-Kee, E. (2011). *Teaching in the Art Museum: Interpretation as Experience*. Los Angeles: J. Paul Getty Museum.

（17） Rice, D. & Yenawine, P. (2002). A conversation on object-centered learning in art museums. *Curator: The Museum Journal 45*(4), 289–301.

（18） Ibid., p. 296.

（19） Ibid., p. 293.

（20） Ibid., p. 293.

第6章 学校で見る

博物館と学校には共通点があります。博物館と同様に、学校の理念もじつに多様です。さまざまなコレクションや体験を前面に押し出したあらゆる種類の博物館があるように、何を、どのように、誰に教えるかが大きく異なるあらゆる種類の学校があります。博物館と同様に、学校という理念を統一する中心的な組織原理があります。それは、美術館や博物館と違い、自分の目で見て確かめることにはかけがえのない価値がある、という考え方ではありません。組織化された指導のパターンに従うことで、効果的な学習ができるという考え方です。この指導パターンは、カリキュラムやシラバス、学習計画などと呼ばれることもあれば、正式名称がないこともあります。また、コア・カリキュラムのように、事前に設計され、多くの生徒に平等に適用される場合もあれば、メンターシップやコーチング・プログラムのように、個々の生徒の成長する経験に応じて、少しずつパターン化されていく創発的なものもあります。しかし、どのように指導が展開され、適用されようとも、組織化された指導パターンに従うことで、学習が生み出され、促進され、改善されるという考え方が、学校の理念の中心にあります。

一方で、博物館の基本である「自分の目で見て確かめることには独自の認知的価値がある」という考え方は、必ずしも学校の理念には含まれていないことが注目されます。実際、学校のイメージといえば、先生が教室の前に立って、正面を向いた生徒たちに講義をしている姿がおなじみですが、これは「自分で見る」という考え方とはまったく対照的です。しかし、「自分の目で見て確かめる」ことが認知的に有益であるという考え方は、歴史上のいくつかの学校教育の哲学において中心的な役割を果たしており、その系譜をたどるのは興味深いことです。

絵本の誕生

一七世紀半ば、チェコの牧師ヨハネス・アモス・コメニウス〔一五九二—一六七〇〕は、すでにヨーロッパで有名な人物でした。気鋭の神学者、卓越した哲学者、そして彼の後世への遺産として最大である、先見性のある教師、教育改革者として知られていました。モラヴィア地方出身のコメニウスは、プロテスタント寄りの宗教観を持っていたため、ヨーロッパの反宗教改革勢力から逃れるために、家族とともにイギリス、スウェーデン、トランシルヴァニア、ハンガリー、オランダなどを転々としました。度重なる騒乱のなかでも、コメニウスは常に執筆と教育の時間を確保し、普遍的な教育の重要性を説き、今日では児童中心主義の教育法とも呼ばれるコメニウスの見解は、イギリス、スウェーデン、ポーランドで啓蒙的な教育プログラムを確立しようとしていた政府関係者からの需要が絶えませんでした。彼の輝かしいキャリアの頂点となる一六五七年、コメニウスは『世界図絵（Orbis Sensualium Pictus、英語でThe World of Things Obvious to the Senses Drawn in Pictures「絵で描かれた五感で感じる世界」）』を出版しました。ドイツ語で書かれ、すぐに英語に翻訳されたこの本は、子どものための最初の教育的な絵本と考えられています。その後二世紀にわたって、世界でもっとも広く使われる教科書のひとつとなりました。

『世界図絵』の中心的な考えは、子どもは世界を五感で直接体験することで自然に学んでいくものであり、公教育はこの事実を利用すべきだ、というものです。鳥のさえずりや羊の放牧、当時の一般的な仕事や家事であったパン作り、魚釣り、鍛冶など、子どもたちが日常的に体験していたであろうものがたくさん描かれています。

この本は絵本と銘打っていますが、そのタイトル通り、五感で学ぶことを目的としており、まず子どもたちにアルファベットを教えるための多感覚的なアプローチから始まります。コメニウスの序文によると、子どもたちはまず動物の絵を見て文字を学びます。そして、絵本に書かれた文字に対応する動物の鳴き声を読み手が発するのを聞くのです（たとえば、「アヒル（The Duck）」なら「クワッ（quaketh）」図６－１）。このように、視覚と聴覚の両方から刺激を与えることで、子どもの頭のなかに文字のイメージを定着させることができるとコメニウスは考えていました。また、指導が進むにつれ、子どもたちは絵を手で写すことを促され、絵を描くという行為を通して感覚から直接学び続けることがめざされます。

コメニウスは、自分の目で見て感じることは、感覚的に楽しく、認知的にも強い力があると考えていました。自分で見るという認知の力は、他の方法では効率的に獲得することが難しい膨大な量の情報の統合にも関係している、という前章の議論をコメニウスが明示的に行っていると主張するのは行き過ぎでしょう。しかし、コメニウスがこの意見に共感する可能性はあるかもしれません。コメニウス自身が『世界図絵』の序文で述べている、子どもたちが五感を使って学ぶべき理由、とくに絵を見ることで学ぶべき理由は以下の通りです。

図6-1　ヨハネス・アモス・コメニウス『世界図絵』（1705年）より。パブリックドメイン

Ⅰ　子どもたちを学校に誘い、学校にいることを苦痛と思わせず、楽しい時間を過ごさせるため。というのも、子どもたちは（すでに幼児のころから）絵を喜び、見せられたものを目で楽しむことがよく知られているからです。

Ⅱ　この小さな本は、物事に注がれる注意力をかきたて、ますます研ぎ澄まさせるのに役立つでしょう。感覚は（子どもの第一の導き手であり、そのとき心はまだ物事を抽象的に考えるまでには至らないため）、常に対象を求め、見あたらないときには鈍くなり、退屈してあちこち向きを変えますが、対象があるときは快活になり、活気づき、物事が十分にわかるまで、自らそこにとどまり続けます。したがってこの本は、（とくにちらつきやすい）知性を取り出し、より深い学習の準備をするのによい役割を果たすことでしょう[1]。

コメニウスは、絵を見ることで価値ある直接的な知識が得られると考えているのでしょうか。それとも、自分で見ようとする認知能力は、より抽象的な思考への足がかりにすぎないと考えているのでしょうか。それは何ともいえません。一方で、彼は、感覚は「物事が十分に識別されるまで、ものに固定しておくことができる」と語っています。他方で、子どもの心は「まだ物事を抽象的に考えるまでには至らない」とし、絵を見ることは「より深い学習の準備になる」と主張しています。

しかし、コメニウスが、絵を直接見ることには本来的な魅力があり、子どもたちは「喜んでこれらの光で目を楽しませる」と考えていたことは明らかでしょう。また、コメニウスは、視覚から直接学ぶことは子どもの本来の姿の根底にあると考えていたようです。「子どもは（ほぼ生まれてすぐのころから）絵を喜ぶことは明らかである」。そして、この事実を利用して教育を行うべきだと考えていたことは、彼が『世界図絵』の著者であることからもわかります。

「自然に従った教育」

その一〇〇年後、「自然に従った教育」を提唱したことで知られる思想家のジャン＝ジャック・ルソー〔一七一二―七八〕により、子どもたちが本来持っている感覚にもとづいて行われるよう教育を設計すべきだという考えが取り上げられ拡張されました。

ルソーは、コメニウスと同様に、感覚による体験から学ぼうとする人間の衝動の強さを認めていました。そして、人は生まれながらにして善良だが、最終的には社会によって堕落すると考えていたため、感覚から学ぶという衝動の自然性には、認識論的な説得力だけでなく、道徳的な説得力があると考えたのです。ルソーの世界では、子どもは現実の本質について学び、同時に善良な人間になることを学びます。そのためには、物理的な世界（できれば都会ではなく自然のなか）に直接触れる機会を与え、おもに感覚から学ぶことを基本とした早期教育が必要だとされます。

目は感覚器官なので、自分の目で見る行為は物理的世界とじかに接する方法のひとつだと確かにいえます。ルソーは感覚学習の一形態として直接観察を明確に支持しています。そして、彼がもっとも重視しているのは、身体が世界のなかにある物体を使って実験し、その結果を感覚的に経験して学習するという、物理的な相互作用を伴う感覚学習の形態です。ルソーは、エミールという少年を主人公にした架空の物語『エミール』のなかで、彼の考える理想的な教育のあり方を述べています。有名な一節で彼は次のように説明しています。

あなたがたの気むずかしい子どもがなんでも手当たりしだいにぶちこわすとしても、腹を立ててはいけない。子どもがこわすおそれのあるものを手の届かないところにおくことだ。子どもが自分のつかっている家具をぶちこわす。すぐに代わりのものをあたえてはいけない。それがなくなったために生じる損害を子どもに感じさせるがいい。子どもが部屋の窓をぶちこわす。昼間でも夜でも風の吹き込むままにしておくがいい。子どもがかぜをひきはしないかと心配しなくてもいい。……子どもがもたらした困った状態についてけっしてぶつぶつ言ってはいけない。むしろだれよりも子ども自身がその困った状態を感じるようにするがいい(2)。

ルソーにとって、子どもが試行錯誤する感覚的な衝動は自然なものであり、「自然に従った教育」では、大人が正しく導いた場合にはその衝動に従うことが自然に学習につながります。しかし、ルソーが強調するような感覚的な試行錯誤を必ずしも重視しない、大人の日常的な行動を見て真似をしたり、想像力を働かせて遊んだりすることも、子どもの自然な学習方法です。自分で確かめたいという衝動は、家具を壊したいという衝動よりも、明らかに自然な感覚的衝動です。しかし、その衝動が学習にとって意義を持つのは、それが自然なことであるだけでなく、より重要な点として、高い認知的な利益をもたらす傾向があるということです。つまり、自分の目で見ることで、複数の情報を素早くかつ鮮やかに獲得し、統合できるのです。

ルソーの感覚学習の力に関する考え方は、自分の目で物事を見るということを包括しており、ある意味ではそれを必要としています。家具を壊すことも、物の感覚的な性質を直接探究するという意味では、自分で確かめる行為の一種だとルソーは理解したかったのかもしれません。しかし、コメニウスと違い、ルソーはわざわざ観察を強調するようなことはしません。ルソーの思想は観察の意義を認めていますが、見ることによる学習を、具体的な試行錯誤を伴う、より物理的にインタラクティブな感覚的体験による学習と区別していません。また、子どもたちが「見る」という行為に素朴な喜びを感じていることも強調していません。それにもかかわらず、ルソーが強調した「自然に従った教育」と感覚を通した学習は、学習における観察の役割に強い関心を持つ教育者を含め、その後何世紀にもわたって教育者の見解を形作っていったのです。

子どもを中心に

ヨハン・ハインリヒ・ペスタロッチ〔一七四六―一八二七〕もそのような教育者の一人です。ペスタロッチは、ルソーの思想に強い影響を受け、また、孤児や貧困に苦しむ子どもたちへの深い思いやりから、子どもたちの「心と手と頭」を育てることをめざした教育思想を生涯をかけて作り上げました。彼が一八〇二年にスイスのイヴェルドンに設立したもっとも有名な学園は、世界的にも注目され、その独特の教育法を見学したい欧米人が何千人も訪れたといわれています。

イヴェルドンの学園を仮に訪ねてみたとするならば、異年齢の子どもたちが小さなグループに分かれてさまざまな活動に取り組む風景が見られたことでしょう。

あるものについて調べ確かめるグループや、工作をするグループ。先生の話を聞いたり、校庭で庭仕事や自然探索をしたりするグループもいます。しかし、子どもたちが並んで静かに校長先生の話を聞き、両手を膝の上に組み、受動的に情報を吸収している姿は、おそらく見られないでしょう。イヴェルドンでの、温かくて活発な子ども中心のアプローチは、子どもの直接的な感覚体験を学習の中心に据えており、のちにペスタロッチメソッドと呼ばれるようになりました。その基本的な考え方は、カリキュラムを子どもの自然な興味や発達に合わせることであり、その逆であった従来の方法とは異なるものでした。

ペスタロッチのメソッドのひとつに、「オブジェクト・レッスン」と呼ばれるものがあります。これは、子どもたちが自分たちの身近にあるもの、たとえば教室の外の地面や岩、コショウの実、葉っぱ、花などをじっくりと観察する活動です。子どもたちは、その感覚的な特質を十分に認識するために、たっぷりと時間をかけて対象を観察し、描写し、スケッチするように促されます。そうすることで、子どもたちは疑問を持ち、発見をし、そしてその発見に導かれて、ものの特性に関する抽象的な考え、つまり子どもたち自身の知覚の糸で編まれた考えへと向かうのです。

オブジェクト・レッスン（オブジェクト理論とも呼ばれる）とは、人はもっとも身近なもの、とくに感覚を通して得られるものをもっともよく学ぶ、そして生徒の知覚能力を高めることが、抽象的知識の発達の基礎を築くというペスタロッチの信念にもとづいています。この考え自体は、少し冷たく聞こえるかもしれません。しかし、イヴェルドンの学園を訪れた人たちが語るように、ペスタロッチの教育には、子どもたちへの温かさと、子どもたちが自分の目で確かめる能力に対する純粋な評価が込められているのです。ペスタロッチのメソッドとは、決められた一連のステップというよりも、教師の仕事は情報を与えることであるという無味乾燥で教訓的なアプローチから、教師が子どもたちの実体験をもとに、子どもたちを知の世界へと優しく導く子ども中心のアプローチへと方向転換することです。

図6-2　コンラッド・エルミッシュ「ペスタロッチ、ノイホーフの学校にて」1882年

ペスタロッチの考え方には、自分で見ようとする衝動につながる重要な点が二つあります。ひとつは、ペスタロッチが直接観察することを重視したことです。これは自分の目で確かめるということそのものです。もうひとつは、ペスタロッチが、知識の生産者としての自己を強く意識していることです。ペスタロッチは、子どもが自分で観察したいと思うのは自然なことであり、そうすることによって、真の深い知識を獲得できると考えました。ペスタロッチはおそらく本章で取り上げたどの教育

者よりも、本書の中心的な主張である次の三つにもっとも近い人物でしょう。①自分で物事を見たいという衝動は自然なもので、本能的に魅力を感じさせるものである、②直接の観察は、訓練されていない目にも複雑な理解をもたらす、③学習の観点からは、見る経験の時間を長くすることに大きな利点がある。

子ども自身の経験を教育の中心に据えるべきというペスタロッチの考えは、以後二世紀の教育理論家と実践者に大きな影響を与えました。この考えは、教育における進歩的な運動を生み出し、おそらくジョン・デューイの哲学でもっとも豊かに発展しています。本章の後半では、デューイの思想とペスタロッチが強調した直接観察との関連について詳しく見ていきますが、その前にいくつか興味深い話題があります。一九世紀の初頭と末に、対象を長時間観察することを重視した二人の教育者についてです。ペスタロッチの弟子で幼稚園の父と呼ばれるフリードリヒ・フレーベル〔一七八二―一八五二〕と、科学者であり教育者、そしてハーバード大学比較動物学博物館の創設者で大学院生への革新的な教授法で有名になったルイ・アガシー〔一八〇七―七三、スイス出身の生物学者・地質学者。一般に氷河時代の発見者として知られている〕について語ることにしましょう。

フレーベルと彼の恩物《ギフト》

フリードリヒ・フレーベルは、まだ教職に就いたばかりの若いころ、一八〇五年、二四歳のときに短期間イヴェルドンを訪れ、一八〇七年には数カ月間、ペスタロッチに師事しました。この二度の訪問は、そののちも彼に大きな影響を与えました。彼はとくに、オブジェクト・レッスンの実践と、学校の温かく協力的な学習環境に感銘を受けました。その後三〇年にわたり、フレーベルは自身の教育観を練り上げ、一八三七年には自身の中心となる考えを具現化した幼児のための「遊びと活動（play and activity）」の研究所をドイツに設立しました。彼はこの学校を「キンダーガルテン（子どもの庭）」と呼びました。

フレーベルは、遊びと創造的な自己表現は学習の効果的な一形態であるという重要な洞察を示しました。そのため、「子どもの庭」では、歌やお話、想像力を働かせた遊び、ものや材料を使った遊びなどが行われました。カリキュラムの一環として、フレーベルは一連の「恩物（gifts）」を導入しました。これは、学習の要素を持つ遊びを刺激するようデザインされたシンプルなもので、時間をかけて順番に子どもたちに与えられました。最初の恩物は、六つの柔らかい羊毛の球がひもでつながれたものでした。二つ目は、球体、立方体、円柱の三つの木型のセットです。三つ目は小さな立方体八個セット、四つ目は長方形のブロック八個セットでした。

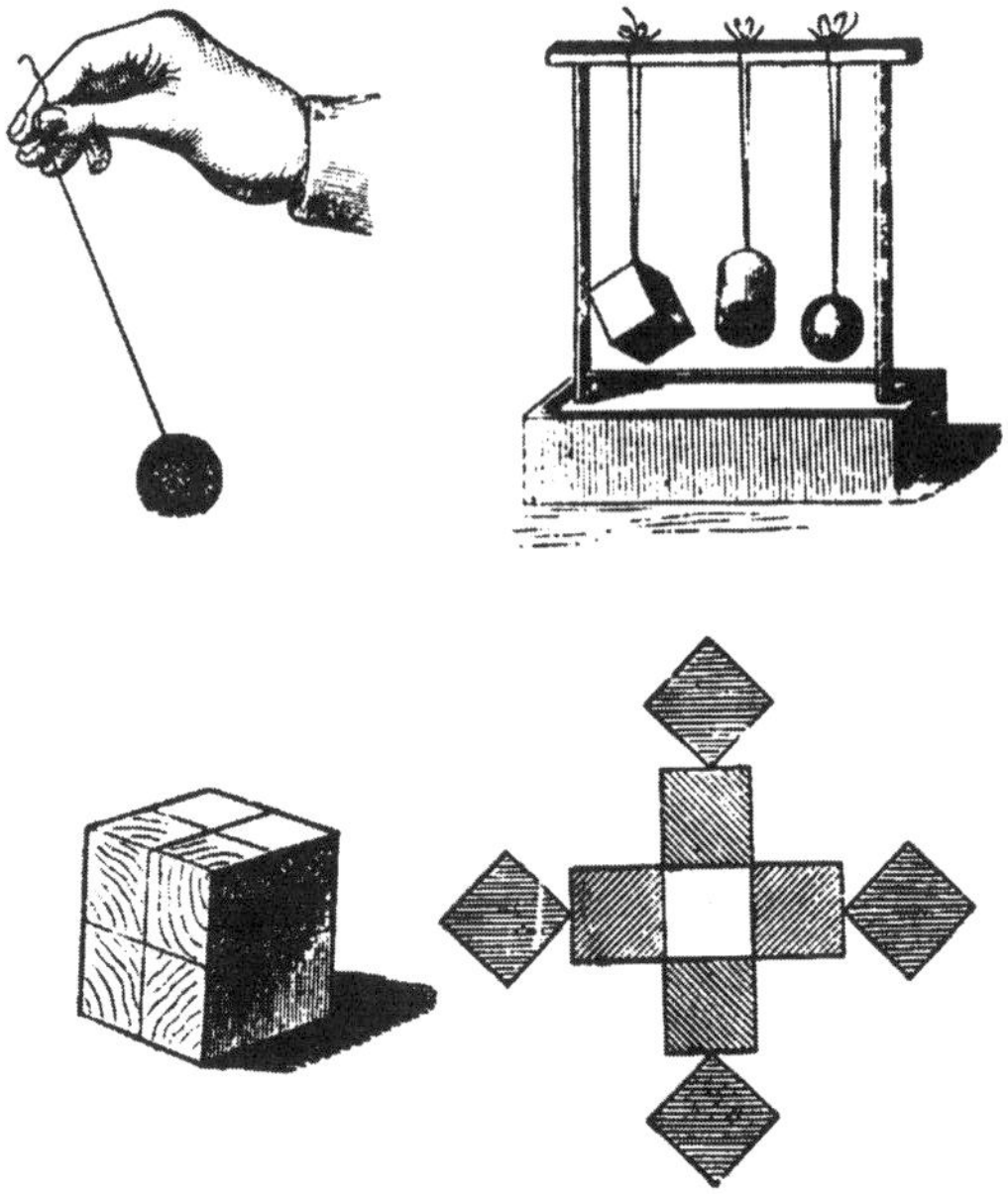

図6-3　フレーベルの恩物の一部。パブリックドメイン

それらを触ったり、転がしたり、積み上げたりして遊んでいるうちに、それぞれの物理的な特性を発見し、それが抽象的な発想につながるとフレーベルは考えたのです。たとえば、球体と立方体と円柱を組み合わせて遊ぶことで、球体と立方体は相反するものであり、円柱はその合成物であるというように、相反するものや組み合わせの概念を身につけることができると考えたのです。フレーベルはこう説明しています。

私の教育法は、最初から生徒たちに、もの自体から自分の経験を積む機会を提供すること、自分の目で見て自分で試してみることでものについてとものの同士の関係を知る機会を与える、というものだ。(3)

ペスタロッチと同様に、フレーベルは、子どもたちが直接観察し、自分で考えて行動することで、自分の知識を作り出すべきだと考えていました。ペスタロッチよりもさらに踏み込んだのは、遊びの持つ本質的な力を強調した点です。

現代の幼稚園で見られるようになった遊びの要素を持つ自己活動は、フレーベルの思想の影響力と広がりを示しています。しかし、一九世紀半ばには、教師が子ども自身の遊びを中心に授業を構成するという考え方は、一般的な学校の概念に反していました。そのため、一八七六年にフィラデルフィアで開催された万国博覧会では、フレーベルの斬新な考え方がどのように実践されているかを来場者に示すことを目的としてフレーベル式教室の展示が行われました。地元の孤児院（Northern Home for Friendless Children）の子どもたちが、幼稚園の模擬教室に入り、二人の若い女性教師に優しく指導されながら、フレーベルの恩物で遊びました。観客は手すりの後ろから見守っていましたが、何時間も残って見ていたり、授業が終わると教師にその方法について質問したりしていたようです。これは、博覧会のなかでももっとも人気のある展示のひとつであったとされています。

「書物ではなく自然に学ぶ」

その三年前、北東に数百マイル離れた場所にも、同じように大きな影響を与えた短期間の教育実験がありました。一八七三年の夏、著名な科学者ルイ・アガシーは、マサチューセッツ州バザーズ湾にある強い風が吹く小さな島に、アンダーソン自然史学校を設立しました。この名称は、アガシーのプロジェクトに岩だらけの島を寄付した裕福なニューヨークの商人、ジョン・アンダーソンにちなんでつけられました。この学校は、公立学校の教師がアガシーのもとで学び、彼の教育法を体験することによって、自然史について、またその教え方について学ぶことを目的とした、いわば夏のフィールドステーションのようなものでした。一八七四年、雑誌『ネイチャー』の編集者に宛てた手紙のなかで、この学校は次のように紹介されています。

夏のあいだ、海辺で、自然史のさまざまな分野について、アガシー自身と、同じ機関［ハーバード大学］あるいはアメリカの他の科学機関に所属する自然研究者が、ともに彼を支え有益な講義が行われる。これらの講座は、おもに学校に自然史の研究を導入予定の教師や、教師になる準備をしている学生のためにある。(4)

当時すでに六六歳だったアガシーは、科学者としても教育者としてもよく知られた人物でした。スイスで生まれたアガシーは、アルプス山脈で氷河期の氷床の動きを調査する地質学的な研究をしていましたが、アメリカでの講演旅行が成功し、ハーバード大学から教授職のオファーを受けたのです。アガシーは動物学の教授として、また熱心な自然標本の収集家として、比較動物学博物館を設立しました。この博物館では、今日まで彼の自然史観を受け継いでいます。(5)

アガシーの教育法は伝説的なものでした。「ゆっくり見る」という観点からすれば、彼は極端な実践者であったといえるかもしれません。ハーバード大学のアガシーの研究室に学生がやってきて、この偉大な人物のもとで勉強しようとすると、アガシーはまず自然の標本（多くは魚の骨）を手渡して、それを丁寧に観察してくるように指示しました。そして、その結果を数時間後に報告すると、彼は「もっと見続けなさい」といいます。とにかく見るのだ、と。有名な話ですが、学生であったサミュエル・スカダー〔一八三七―一九一一、昆虫および古生物学者〕は、来る日も来る日も魚の観察に引き戻され、挫折を感じ、やがて光明を見出したといいます。スカダーは、新たな特徴を見つけるべく、ひたすら観察を続けました。

私はその喉に指を押し込んで、歯の鋭さを感じた。それが無意味だと確信するまで、異なる列の鱗を数え始めた。そして最後に、魚の絵を描いてみようという楽しい思いつきに至ると、驚くべきことに、この生きものの新しい特徴が見えてきたのである。(6)

スカダーの経験は典型的なものでした。若いころ、アガシーとともにアマゾンを旅したウィリアム・ジェームズ〔一八四二―一九一〇、哲学者〕は、アガシーの死後二〇年経ってから、博物館で開かれた科学者の集まりで、次のように回想しています。

ニューイングランドの公立学校の教師ならば誰もが、アガシーが学生を亀の甲羅やロブスターの甲羅、牡蠣の殻でいっぱいの部屋に参考書も説明もなしに閉じ込めて、もののなかにある真実をすべて発見するまで外に出さなかったことを語るだろう。他の人はそれ〔観察することの重要性〕を見つけられなかった。……「自然のなかに分け入り、自分の手で事実をつかみ、自分の目で見て確かめなさい」――アガシーは行く先々でこのような教訓を説き、教育学に大きな影響を与えた。(7)

アガシーは科学に関する実績があったにもかかわらず、紹介されるときにはただ「教師ルイ・アガシー」と呼ばれることを好み、自然史の教育に大義を見出していました。アガシーは、書物を読み、事実を暗記するだけの科学教育に反対し、自然を直接学ぶことを熱心に奨励していました。それには三つの利点があると考えていたのです。自然界に関する本物の意味ある知識が得られること、自分の目で物事を確かめたいという人間の自然な衝動に合致すること、人間と自然を結びつけることで精神を高められることです。アガシーは、自然史を学ぶ学生が自然を教科書にすることを望んでおり、「自然を本で学ぶと、屋外に出たときに自然を見つけられない」という言葉を好んで使っていました。[8] 当時の他のどの科学者よりも、彼は自然史の研究を一般に広めたいと考えており、大学だけでなく公教育においても科学の教え方を根本的に変えることを目標としていました。この目標に向かって、きわめて異例なことに彼はハーバードでの講義を一般開放し、とりわけ女性を含む公立学校の教師に参加を促しました。

アンダーソン自然史学校の設立で重要だったのは、自然を直接研究することの意義を説くというよく知られていたアガシーの考えを、さらに広く浸透させた点でした。アガシーは学校の宣伝文のなかで次のように述べています。

私は、書物から学べるような事柄を多く教えようとは思いません。その逆で、参加する人たちには自分で観察できるようになってもらいたいのです。ですから、一般的にいわれているような方法、つまり復唱することで自然史を教えてもらいたいだけの人は、復唱用の教科書を買って、この学校への入学はやめた方がよいでしょう。[9]

アガシーはペニキーズ〔マサチューセッツ州バザーズ湾にある島〕に、一流の科学者や影響力のある指導者、あるいは将来そうなるであろう多くの生徒や教育者を連れてきました。その人びとのおかげでアガシーの理念は広がりましたが、不運なことにそれが彼の最後の大きなプロジェクトであったことも、この学校の名声を高めることになりました。アガシーはその年の一二月に亡くなり、息子のアレキサンダーも優れた科学者で、夏期にもう一回学校を開きましたが、プロジェクトは頓挫してしまったのです。なお、アレキサンダー・アガシーは、比較動物学博物館との関わりを父から受け継ぎ、同館の学芸員、後援者、館長を四〇年間務めました。

ルイ・アガシーの教育方法は、ある意味では極端なものに見えるかもしれませんが、その根底にあるのは、本書と同様の考え方です。つまり、観察の時間を、一見するだけではなくより拡張していくことで、膨大な量の学習ができるということです。この拡張された空間のなかでこそ、ゆっくりと注意深く見ることによる多くの恩恵が得られるのであり、その恩恵は、長時間にわたる観察の自己創造的性質によるところが大きいのです。アガシーがいったように、「事実を自分の手で、自分の目で確かめよう」ということです。

自然学習運動

「書物ではなく自然に学べ」というアガシーの言葉は人びとの心をつかみ、アメリカの教育界に新たに生まれた自然学習運動のモットーとなりました。アガシーは、彼の言葉が広く普及するのを見ることはできませんでしたし、「自然学習運動」という言葉を聞くこともできず亡くなりました。しかし彼はこの運動の英雄であり、今でも刺激を与え続ける創始者と見なされています。

自然学習の背景にある中心的な考え方は、人びとが野外の自然のなかに身を置き、おもに身の回りの動植物を観察することによって、身近な自然環境と知的・精神的なつながりを持とうとする、というものでした。この運動は、科学的な調査と情操の育成を組み合わせたもので、一九世紀末の多くの進歩的な思想と同様に、近代生活の機械化の進展を背景に普及していきました。自然学習の推進者たちは、自然とのつながりを、消費主義と工業化という脅威に対する解毒剤と考えていました。自然を研究することによって、人びと、とくに若者は自然界との直観的なつながりを取り戻し、同時に科学に必要な知的能力を身につけることができると考えられていたのです。自然学習は、現代的であると同時に古くからあるものでもありました。ケヴィン・アーミテージは、自然学習運動の歴史について次のように印象深く述べています。「自然学習の提唱者たちは、科学の近代的な世界を受け入れようとする一方で、科学では得られないユニークな体験と倫理的な洞察をもたらす自然との交流の、古くからある方法を維持しようとした[10]」。

一九世紀末から二〇世紀初頭にかけての三〇年以上にわたり、自然学習は驚異的な人気を博し、教育運動としても文化的娯楽としても人びとの想像力をかきたてました。アーミテージは次のように述べています。

ガイドブックやカメラ、採集瓶、そして自由な好奇心を持って、アメリカの人びとは家や教室から近くの森や大草原、川や山へと向かい、自然の不思議な営みをより深く理解しようとした。愛好家たちが「自然学習」と呼んだこの運動は、植物の識別、動物の生活史、学校の庭など、基本的な自然史を教えることで、産業界で成功するために必要なスキルを身につけ、現代の生活では閉ざされている精神的な成長を促すことを目的としていた[11]。

最盛期には、アメリカのすべての州の公立学校で自然学習が教えられていました。多くの州が自然学習のカリキュラムを州全体で提供し、いくつかの州では自然学習が必修となっていました。小学校で理科が必修科目になっているのも、その名残です。しかし、自然学習が伝統的な理科教育と異なる点は、自然界との相互関係を強調していることです。自然学習の実践者たちは、植物や動物を実験室のなかの孤立した標本としてではなく、生きた環境の一部として相互に関連づけて学習することを提唱しました。このようにして、自然学習運動は、二〇世紀に生態学や環境主義、自然保護への科学的・人文学的関心が高まる基礎を築いたのです。レイチェル・カーソン〔一九〇七—六四、『沈黙の春』など〕やアルド・レオポルド〔一八八七—一九四八、アメリカの生態学者、森林管理官。現代の環境倫理学の展開に大きな影響を与えた。『野生のうたが聞こえる』、『土地倫理』など〕などの科学者の自然保護倫理や、テディ・ルーズベルト〔セオドア・ルーズヴェルト。一八五八—一九一九、アメリカ合衆国第二六代大統領〕の自然保護政策にも影響を与えています。かれらはみな、幼少期に自然学習を体験していたのです。

これまで本章で取り上げてきた教育哲学のなかで、自然学習は、少なくとも表面上は、意図的な実践としての「ゆっくり見る」というアイデアにもっとも近いもののように思えます。というのも、自然学習運動は、自然界を自分の目で見るために長い時間を費やすことを人びとに率直に勧めていたからです。実際、こうした屋外での長時間にわたる観察の体験は、この運動の中心的な活動と見なされていました。ですから、自然学習運動は、教育実践としての「ゆっくり見ること」の可能性と課題について何を明らかにできるのか、じっくり探究してみる価値があります。

アーミテージが指摘するように、自然学習運動の目的は、科学的な調査から精神的な向上まで非常に幅広く、その幅広さゆえに、理論家や実践者によって異なる目的が強調されてきました。一九〇三年、コーネル大学の園芸学部長で自然学習の主要な推進者であるリバティ・ハイド・ベイリー〔一八五八—一九五四、アメリカの農学者、植物学者〕は、「自然学習は、人類の知識の総和を増やすために新しい真実を発見することと、生きる喜びを増やすために自然に対する共感的態度を育むこと、このどちらを目的としてもよい」と記しています。[12] ベイリーが注力したのは後者の目的でした。科学教育の一般的な目的は、「研究者と専門家」の養成であるともベイリーは主張しました。[13] 一方で、自然学習の第一の目的は、「すべての人がより豊かな人生を送れるようになること」だと述べています。この豊かさとは、自然への共感やつながりを持つことに関係します。しかし、それを身につけるには厳密さが求められます。ベイリーは、長期にわたる注意深い観察の力を熱烈に信じており、彼にとって豊かな生活への道は、自然を過度に感傷的に捉えるのではなく、ありのままの自然を注意深く観察することでした。彼は、同時代のイギリスの実験心理学者エドワード・B・ティチェナー〔一八六七―一九二七、イギリス生まれのアメリカの心理学者。哲学から独立した科学としての心理学の確立に取り組む〕の、自然研究における三つの危険に関する記述を賛意とともに引用しています。「第一は、自然に共感しようとするあまり、感傷に陥ってしまうこと。二つ目は、おとぎ話を避けようとすると、実際におとぎ話が悪いものであっても〔それを避けることで〕その一〇倍も悪い結果に陥ること。下等動物の疑似心理学がその例といえる。そして三つ目は、単純さを極端にめざすあまり、非常に不正確なものになってしまうということである[14]」。

ベイリーが語る自然を学ぶ目的は、よく観察することによる知識の増加と、自然界とのつながりによる「生きる喜び」の増加の二つですが、第3章で紹介した「アウト・オブ・エデン・ラーン」プログラムでの生徒の体験についての調査結果と一致しているのは注目に値します。このプログラムは、ソーシャルメディアのようなオンラインプラットフォームとカリキュラムで、世界のさまざまな地域から生徒を招き、自分の地域を探検し、その経験を他の生徒とデジタルで交換し共有してもらうというものでした。このプログラムの一環として、生徒たちは地域をゆっくりと歩き、印象に残ったものについて書いたり、絵を描いたり、写真に撮ったりして、日常を記録します。地球上のどの地域に住んでいても、また、都会あるいは田舎に住んでいても、恵まれた地域あるいは資源の少ない地域に住んでいても、生徒たちは自然界に引き寄せられるように集まってきます。近所を歩きながら、植物や花、鳥の巣やヘビの抜け殻の写真を撮ったり、木肌のざらざらした感じや歩道の水たまりのつややかな表面を捉えたりします。砂の質感、風の音や感触といった複数の感覚による体験、頭上の雲の柔らかな渦なども描写します。「アウト・オブ・エデン・ラーン」のプロググラムでの体験についてアンケートに答えてもらうと、これらの体験が際立っています。かれらは、新鮮な目で日常の環境を見たり、周囲の世界の驚くべき細部に気づいたりすることがいかに魅力的であるかについて語っています。また、ゆっくりとした時間を過ごすことの喜びや、自然のなかに身を置くことで人生にとって大切なことを思い出すという話もしてくれます。少なくとも「アウト・オブ・エデン・ラーン」の生徒たちにとって、ベイリーの自然を学ぶ二つの目的である、つぶさに観察することと幸福感を体験することは、対立するものではなく、むしろ相乗効果をもたらすものなのです。

アンナ・ボッツフォード・コムストックであれば、ベイリーと同様、感傷的になりすぎないように注意しながらも、「アウト・オブ・エデン・ラーン」の生徒たちが語る目的の結びつきに満足していたことでしょう。ベイリーがコーネル大学の学生だったころに知り合い、のちにニューヨーク州の自然学習カリキュラムの設計と実施に協力したコムストックは、自然学習運動におけるもっとも興味深く重要な人物の一人です。コムストックは、優れた芸術家、自然観察者、教育者、自然保護論者であり、一九一一年の執筆以来、継続して出版され、広く読まれている『自然学習ハンドブック（The Handbook of Nature-Study）』の著者でもあります。教育者および教師の教育者としての彼女の仕事はことに素晴らしく、この本はおもに、彼女が長年にわたって教師のために書いたエッセイやレッスン、パンフレットを編集したものです。おそらくベイリー以上に、コムストックは自然学習の力を明晰な目による注意深い観察に結びつけています。彼女はこの本の冒頭で、自然学習について次のように定義しています。

さまざまな議論や誤用があるが、自然学習とは、自然を探究することである。それは素朴で確かな観察からなり、それらはやがてビーズが糸でつながるように理解の糸でつながり、論理的で調和した全体へと編み上げられていくだろう。したがって、自然学習の教師の目的は、子どもたちのなかに正確な観察

力を養い、そこに理解を積み上げていくことに置かれるべきである。(15)

コムストックが、子どもたちが「理解を積み上げていく」手助けについて語るとき、彼女は子どもたち自身が理解を積み上げていくことを念頭に置いています。子どもたちは、自分たちで観察し、自分たちで調べ、自分たちが知覚したものから自然界について自身の理解を積み上げていくことで、自然学習をするのだと彼女は考えています。『自然学習ハンドブック』は、おもに小学校の教師向けに書かれており、この「自分で確かめる」というメッセージを強く打ち出しています。コムストックは、自分で確かめるというかけがえのない価値観を、教育学的なアプローチの根底に据え、それを教師たちに惜しみなく伝えているのです。「一般に、生徒が自然研究に興味を示さないのは、教師の方法に問題があるからだと考えてよい。自分で自然を観察するように指導すべきなのに、知識で子どもの心を満たそうとしているのかもしれない(16)」。

九〇〇ページにもなる『自然学習ハンドブック』の大部分は、生徒の日常の身の回りにある具体的な植物や動物を観察するためのレッスンで構成されています。各レッスンは、生徒が何かをよく見て、多くの観察が積み重なっていくように誘う一連の質問を通して、好奇心を刺激するアイデアをひとつ提示します。また、指示ではなく提案としてこのレッスンを行うべきだと強調し、次のように警告しています。「直接質問する方法は、慎重に行わなければ、生徒と教師の両方にとってうんざりするものになる。質問によって子どもに調べる意欲がわかなければ、意味がない」と。これは、ニワトリを使ったレッスンの導入部分の記述です。(17)

レッスン1
衣服としての羽

おもな考え方――羽は鳥の皮膚から生えていて、雨、雪、風、寒さから鳥を保護する。羽毛のなかにはマントやレインコートの役割をするものや、下着としての役割を果たすものがある。方法――このレッスンでは、ニワトリの至近距離で、さまざまな種類の羽がどこでどのように生えるかを観察する必要がある。また、背中の羽、胸の羽、体の下側の羽、筆毛（羽毛）の形を別々に勉強する。

生徒のための観察――①ニワトリの背中の羽は、どのように配置されているでしょうか。屋根の板のようなものですか。②雨の中で立っているとき、ニワトリはどのように見えますか。③胸の羽はどのように配置されていますか。④背中の羽と胸の羽を比べて、その違いに注意しましょう。

「生徒のための観察」の節で、コムストックが教師に勧めている質問は単純なもの、あるいは極端に単純化されたものに思えるかもしれません。しかし、これらの質問は、生徒が熱心に観察し、自ら発見する余地を残すために、思考を促すものでありながらも過度に誘導しないように慎重に考案されています。たとえば、「胸の羽はどのように配置されていますか」という質問に答えるためには、生徒が自分でよく観察して、微妙なパターンを見分けることが必要です。比較のために、同時代の別の自然学習の本からニワトリの授業を抜粋してみました。コムストックの授業と同じように、この授業も生徒への質問形式で書かれていますが、この場合、生徒の模範回答が括弧書きで示されています。

ニワトリはどうやって飛ぶのでしょう（空気に羽を打ちつけることによって）

ニワトリはたくさん飛ぶことができますか。いつ飛ぶのでしょう（ねぐらとの往復）

ニワトリがフェンスを飛び越さないようにするために、ニワトリに何をしているか知っていますか（片方の翼の羽が切り取られている）

どうして高く飛べないのでしょう（バランスを取ることができないから）[18]

著者は教室では才能のある教育者だったかもしれませんが、書かれている質問はコムストックのものとはまったく異なります。直接観察を促すのではなく、教師が求めている答えを生徒が見つけ出すのを促しているようで、まるで歌手と聴衆との掛け合いのような雰囲気があります。このような微妙な表現の違いにこだわるのはいかがなものかと思われるかもしれません。しかし、授業の進め方によって子どもの経験全体が形作られる学校現場では、授業の進め方や方法によって、ゆっくり見ることとの認知的効果が大きく変わってきます。暗記型の授業を避け、探究型の授業を行うには、かなりのスキルが必要です。教育理論のレベルでは子ども中心の教育が語られていますが、二一世紀の今日でさえ、教師はこのような方法で指導する訓練を受けていない傾向にあります。ゆっくり見ることが生徒にもたらす潜在的なメリットは、生徒への教え方と密接に関係しています。これは、歴史的にも現代的にもスロー・ルッキングの実践を探るうえで何度も出てくるテーマであり、前章のミュージアムの話でも出てきましたが、最終章でも掘り下げてみます。

教育学の課題はともかく（これは自然学習だけでなく、本章で述べたすべての教育的アプローチの課題でもあります）、自然学習とこれまで述べてきた他の教育思想とのつながりに注目するのは興味深いことです。コメニウスの『世界図絵』のように、自然学習の教科書は、子ども時代の日常的なものや経験を出発点としています。ルソーやペスタロッチ、フレーベルのように、自然学習の提唱者たちは、自分たちのアプローチを近代性への解毒剤とし、自身の教育理念と、かれらが捉えた子どもの自然な発達の姿とを一致させようと努めました。いずれのアプローチも、生徒が自分で物事を見ようとする自然な傾向を活用し、生徒が世界での直接的な経験を積み重ねることを目的としています。
直接的な経験の重要性という考え方は、本章で最後に取り上げる教育哲学者、ジョン・デューイの思想につながります。

デューイの進歩的教育

ジョン・デューイ〔一八五九―一九五二〕はアメリカの哲学者、教育理論家であり、その思想は二〇世紀から二一世紀にかけての進歩的教育の捉え方を深く形作っています。多作な著述家であり、行動する公共の知識人として活躍したデューイは、教育こそが社会をよい方向に導くもっとも強力な方法であると考えました。そのためには、学習者が自分で考える力を養うことが必要で、それによって過去の出来事を自分の現在に関連づけて解釈できるようになり、より公正で民主的な目的に向かって絶えず努力している社会に思慮深く参加できるようになる、というものです。

デューイの学習に関する考え方は、客観的な文化的知識を受動的な精神に分け与えるという伝達型の教育モデルとは対照的です。デューイは、生徒は自らの学習に力を注ぎ、関与すべきであり、学習は「教育的経験」の過程として展開されると考えました。それは、現実の世界でアイデアや教材を使って行動し、次に自分の努力の結果や意味を経験し、これまでのサイクルを振り返り、それが次の行動のサイクルを促し、形成するという、行動と経験の周期的な往還を伴うものでした。このようなデューイの思想は、「なすことによって学ぶ（learning by doing）」という言葉で表現され、問題解決型学習や体験型学習など、生徒が知識を受け取るだけでなく、自ら知識を構築する役割を担う構成主義的な教育手法として、今日でも多くの教育者に親しまれています。

デューイが強調した「興味」や「目的」にもとづく学習と、自分で確かめることが強力な学習形態であるという考えには、明確なつながりがあるように見えます。実際、この両者の関係はほとんど同語反復的です。何かを見たいという衝動を経験することは興味のあらわれであり、時間をかけてよく見ることで衝動を拡張することは目的のある行為です。難しいのは、長時間の観察の適切な目標についてのデューイの考えと、それを目的主導の探究にどの程度結びつける必要があるか、という点です。この難問は、観察の本質についての深い疑問を明らかにするものであり、探究する価値があります。この謎を解くひとつの方法は、自然学習に対するデューイの考えの変化を見ることです。

一九世紀後半に教育哲学者としてキャリアをスタートさせたデューイは、当時の主要な教育運動のひとつであった自然学習運動に精通していました。しかし、のちにデューイは自然学習の教え方について批判的になっていきます。

一八九四年、三五歳のジョン・デューイは、ミシガン大学での教職を辞して、新設のシカゴ大学に移りました。そのさい、家族の移住準備の一環として、先進的な教育者として知られるフランシス・パーカー大佐が経営するシカゴのクック郡師範学校を訪れました。この学校では、自然学習がカリキュラムの中心となっており、デューイはその内容を気に入り、次年度から彼の子どもたちを入学させることにしました。妻のアリスに宛てた手紙のなかで、彼は次のように書いています。「そこでは、一年生からすべての教室に鳥やリスなどの剝製があり、小さな水槽のある教室も多く、石などのコレクションは全教室にあります。[19] 学校全体が「自然学習」の原理で組織されているのです……」。

デューイの教育に関する考え方は、自然学習の二つの目標〔観察力を養うこと、理解を高めること〕と一致していました。自然学習の提唱者と同様に、デューイも生徒に科学的観察の技を身につけてもらい、現実世界の問題を解決できるようにしたいと考えていました。それを統合的・全体的な方法で行うことで、生徒が研究している世界との深いつながりや共同体を経験できるようにしたかったのです。さらに、デューイの哲学的見解は、「経験的自然主義（empirical naturalism）」にもとづいています。これは、人間の活動を含む世界のすべてのものは、超自然的な存在や理想的な形ではなく、自然現象によって説明でき、人間の知識は、自然のなかでの経験を通して育まれるという考えです。彼はのちに『経験と自然（Experience and Nature）』という本でこう書いています。

経験は自然の〈なか〉でのみならず、自然〈について〉なされる。経験そのものが経験されるのではなく、石、植物、動物、病気、健康、温度、電気などの自然が経験される。ある方法で相互作用している諸事物は、経験である。それらは、経験されているものである。ほかの方法で、ほかの自然的対象——人間有機体（the human organism）——と結びつけられて、それらは、いかに事物が経験されるかでもある。こうして、経験は自然のなかに入り込む。経験は深さをもつ。経験は同時に広さをもち、かぎりなく融通無碍に広がっていく。その広がりがまさに推論である。[20]

デューイは、自然の学習を、学生の「教育的経験」を培うための肥沃な文脈として捉えており、パーカー大佐の学校は、一年後に開校する自分の学校であるシカゴ大学の実験学校を構想する彼の頭のなかにはっきりと存在していました。そののち、アリスに宛てた同じ手紙のなかで彼はこう続けています。「私の心のなかでは、いつも学校のイメージが膨らんでいます。実際に文字通りの建設的な活動が全体の中心となり、そこから常に二つの課題が育っていくような、そんな学校です。[21] ひとつは建設的な産業の社会的役割であり、もうひとつはその建設産業に材料を供給する自然との接触です」。

一八九六年までに、デューイの学校には三二人の生徒が集まり、歴史と文学、そして自然学習の二人の専任教師を雇うことができました。自然観察は自然学習の中心的な実践であり、デューイはそれを子どもたちの自然への興味と結びつける方法について悩み始めました。一八九七年に実験学校の保護者に向けて行った講演では、すでにデューイの悩みが聞こえてくるようです。

子どもに、土や空気、水、鳥、獣、花などを、環境から切り離して、それらの利用、つまり私たちが生きていくなかで果たす役割との関係なしに学習させることは、自然の事実や力を人間やその活動と関連づけ、結びつける絆を断ち切ることになります。そうすると子どもたちは道を見失い、ゆえに興味は薄れてしまうのです。(22)

このような懸念があったにもかかわらず、デューイはもちろん、高度な思考、とくに科学的な思考における詳細な観察の重要性を認識しており、それを探究の過程における重要な要素として位置づけています。デューイは、探究を「未確定の状況の、その構成要素の特徴と関係において極めて確定的になった状況への統制された、または指令された変容である」と定義しました。(23) ある状況の観察可能な特徴を特定することで、「その場面での事実」が決定されるため、観察は探究の過程の最初のステップとなります。これらの観察結果は、次にアイデア、すなわち、解決策や理論、仮説、あるいは可能な行動指針を示唆します。これらのアイデアは、想定されたり実行されたりした結果、さらに観察すべき新たな状況を示唆し、それによって新たなアイデアが形成される、といったことが繰り返されます。デューイによれば、「事実の観察と示唆された意味やアイデアは、互いに対応しながら生じ、発展していく」ということになります。(24)

デューイにとって、問題の解決や結論の導出という目標によって推進される観察と発想のこの漸進的なサイクルは、明らかに目的主導型です。デューイは、著書『思考の方法』のなかで、「科学者は、観察を積み重ねること自体はけっして目的とせず、常に一般的な知的結論を得るための手段としている」と述べています。さらに、以下のように続けます。「観察とは能動的なプロセスである。観察とは、それまで隠されていた未知の何かを発見するための探究であり、その何かは、実用的または理論的な何らかの目的を達成するために必要とされる[25]」。

自然学習が「孤立した無味乾燥なもの」であることに対するデューイの懸念は根強く、一九一六年には自然学習に関連する教育実践を次のように厳しく批判しています。

> 誰もが知っていることだが、自然学習は学校では、多数の分離させられた点を扱うために、教材が断片化している。たとえば、花のいろいろな部分は一つの器官としての花から切り離されて研究され、花は植物から切り離されて研究され、植物はそのなかで生きている土、空気、光から切り離されて研究されてきた。その結果、注意を引きつける題材が死んだような状態になってしまうことは避けられず、あまりにもバラバラに孤立しているので想像力を養わないのである[26]。

デューイにとって、この「題材が死んだような状態」を回避する方法は、生徒の観察がかれら自身の興味と目的にもとづいて行われるようにすることです。デューイは観察を、問題解決や仮説検証といった高度に目的主導型の場面で論じる傾向があります。しかし、長期にわたる観察の目的は、幅をもった連続体として考えておくのがよいでしょう。連続体の一方の端には、中心となる重要な問題を解決することが目的となっている状況があります。デューイ自身は、混雑した部屋での火災報知器の例を挙げています[27]。ここでの「問題」とは部屋から出る方法であり、観察の役割としては、周囲を見渡して、通路や出口の位置などの空間的に固定された状況の特徴や、群衆の行動などのより流動的な特徴を判断することです。デューイの例はとくに緊急性の高いものですが、連続体の同じ側に集まる緊急性の低い日常的な例はたくさんあります。たとえば、積み上げられた石をよく見て、どうすれば石垣にはめ込むことができるかを考えたり、屋外の餌台を訪れる鳥のパターンを観察して、どの鳥が渡り鳥なのかを見極めたりすることができるかもしれません。火事から逃げるほどの緊急性はないにしても、これらは明らかに目的を持った活動です。

連続体のもう一方の端には、長時間の観察における目的の役割がより拡散的で流動的であることの例がたくさんあります。これらの例は、連続した小さな目的が、見るという経験を強固に支えるというよりも、経験の一部としてあらわれるものです。たとえば、山歩きをしていて、山頂に囲まれた湖の遠くの景色を見るためにしばらく立ち止まったとします。あなたの目は、水のセルリアンブルーにとどまり、そしてその上の山々に流れていきます。山の中腹に未舗装の道のようなものがあり、尾根の後ろに家があるのではないかと思い、細い道を目で追い、何が見えるかを確認する。その途中で、苗木がまばらに生えているだけの荒れた山腹を見つける。山火事の跡ではないかと思い、火の経路の痕跡を探してみる……。このように、隠れた家や火事の跡を探すという小さな目的が、あなたの漂うような視線を形作っているのです。しかし、それを目的化してしまうと、その質感を見逃してしまうことになります。第2章のオープン・インベントリーの検討箇所でも触れましたが、このように次から次へとなされる観察は、科学や芸術の分野でよく見られます。第2章では、科学者がフィールドノートを作成するさいに、たとえ研究課題や目的とは無関係に見えるものであっても、広範囲を観察することを目的として、どのようなテクニックを使っているかを見ていきました。また、詩人や芸術家が、「どこもかしこも」できるだけ多くのものを見て、記録することを目的とした方策にも注目しました。さらに、博物館にいる生徒たちの経験にも目を向けてみました。かれらの観察は、他の生徒たちの観察をもとにして、自由な発想で行われていました。

教育の観点からすると、観察力の育成を連続体の両端で行うことにはリスクが伴います。目的意識が強い場合は、見たいものしか見ないという問題があります。つまり、ある種の特徴を探すように訓練すればするほど、自分の注意が及ばない側にある重要な特徴を見落としやすくなります。そして、その対極にあるリスクは、まさにデューイが批判するところのものである、生徒の自然な興味や衝動から切り離された、観察可能な特徴の機械的なリスト化です。デューイが「孤立した無味乾燥なもの」の観察の問題を案じたのは正しいのですが、問題の原因は、原動力となる目的がないことよりも、生徒が自発的に見出していく目的が観察の流れを形成する余地を与えない硬直した教育法にあるのです。

この問題を解決する方法は、大きな理論のレベルではなく、指導のこまやかな設計や教授法のすぐれた技術にあると考えられます。先ほどのニワトリを題材にした二つの対照的な自然学習の授業を思い出してください。どちらも自然学習という同じ教育手法にもとづいており、ニワトリという同じ題材を取り上げ、生徒の観察を促す質問を用いています。しかし、前者は生徒が自分でニワトリの特徴を調べ、自然な流れに沿って観察することを求めているのに対し、後者は生徒がすでに持っている知識を再確認し、教師が望む答えを推測することを求めているように見えます。

本章ではまず、学校の理念が、効果的に学ぶためには組織的な指導パターンに従うことに価値があるという信念にもとづいているという点を指摘しました。本章で取り上げたコメニウス、ルソー、ペスタロッチ、フレーベル、アガシー、デューイといった思想家たちは、学校教育は、生徒が生まれながらにして持っている自分で物事を見ようとする興味を引き出し、それを伸ばすために組織されるべきだと考えていました。この系譜は、かれらの哲学で異なる形で展開されていますが、全体としては強いまとまりがあります。しかし、これらの思想をどのように実践していくかが、いわば重要なポイントとなります。デューイが自然学習を批判したことからもわかるように、よかれと思って行った指導が、自分で見てみたいという生徒の衝動を助長するどころか、窮屈にして押し殺してしまうような、教え込み型の授業になってしまうことがよくあります。

この問題については、本書の最終章で取り上げ、その対処法を考えます。ゆっくりとした道をたどりますが、次の二つの章では、ゆっくり見ることと科学的観察の歴史との関係を考察し、そしてゆっくり見ることがもたらすさまざまな認知的成果、言い換えるとスロー・ルッキングが私たちの学習を助けるさまざまな種類の事柄について見ていきましょう。

注

（1）Comenius, J. A. (1887). *The Orbis Pictus of John Amos Comenius*. Syracuse: C. W. Bardeen. 井ノ口淳三訳『世界図絵』平凡社、一九九五年、一三一一四ページ

（2）Rousseau, J-J. (1979). *Emile: Or On Education*. (Bloom, A., Trans.) New York: Basic Books. (Original work published 1762), p. 100. 今野一雄訳『エミール（上）』岩波書店、一九六二年、一九〇ページ

（3）以下より引用。Armytage, W. H. G. (1952). Friedrich Froebel: A centennial appreciation. *History of Education Journal 3*(4), 107–113. Retrieved from http://www.jstor.org/stable/3659205.

（4）Anonymous. (1874). The Anderson school of natural history. *Nature, 11*, 167–168. Retrieved from https://www.nature.com/articles/011167d0.

（5）皮肉なことに、比較動物学博物館は今日、進化研究の中心地として活発だが、アガシーは進化論に関して歴史の側にいたわけではない。ダーウィンと同時代のアガシーは、神がすべての種を現在の場所に創造し、種は時間とともに変化するのではなく、洪水や氷河のような大災害によって周期的に絶滅すると信じていた。一八六〇年、アガシーは『アメリカ科学雑誌（American Journal of Science)』に『種の起源』の書評を寄稿し、ダーウィンの考えは真実ではなく、科学的誤りであるとした。アガシーはダーウィンの理論に反対したのである。

（6）Scudder, S. H. (1974). In the laboratory with Agassiz. *Every Saturday, 16*, 369–370.

（7）James, W. (1911). *Memories and Studies*. New York: Longmans, Green, and Co.

（8）Jordan, D. S. (1896). Agassiz at Penikese. *Science Sketches*. Chicago, IL: A. C. McClung & Co., p. 134.

（9）Agassiz, L. (1895). *Natural Science News, Vol. 1*. Albion, NY: Frank H. Lattin, p. 186.

（10）Armitage, K. C. (2009). *The Nature Study Movement: The Forgotten Populizer of America's Conservation Ethic*. Lawrence, KS: University Press of Kansas, p. 4.
（11）Ibid., p. 3.
（12）Bailey, L. H. (1905). *The Nature Study Idea*. New York: Doubleday, Page & Company, p. 4.
（13）Ibid., p. 4.
（14）Ibid., p. 139.
（15）Comstock, A. B. (1986). *Handbook of nature-study*. Ithaca, NY: Comstock Publishing Co.（Original work published 1911), p. 1.
（16）Ibid., p. 6.
（17）Ibid., pp. 30–31.
（18）McMurry, L. B., (1913). *The MacMillan Company*. New York, pp. 69–70.
（19）以下より引用。Hein, G. E. (2012). *Progressive Museum Practice: John Dewey and Democracy*. New York/London: Routledge, p. 23.
（20）Ibid., pp. 12–13.〔河村望訳『デューイ＝ミード著作集四　経験と自然』人間の科学社、一九九七年、一九―二〇ページ、栗田修訳『経験と自然』晃洋書房、二〇二一年、五ページを訳出にあたり参照〕
（21）Ibid., p. 24.
（22）以下より引用。Mayhew, K. C., & Edwards, A. C. (1965). *The Dewey School*. New York: Atherton Press. (Original work published 1936).
（23）Dewey, J. (1986). The pattern of inquiry. In *Logic: Theory of Inquiry*. The Later Works, Vol. 12. Carbondale, IL: Southern Illinois University Press. (Original work published 1938). p. 108. 河村望訳『行動の論理学――探究の理論』人間の科学新社、二〇一三年、一一〇ページ
（24）Ibid., p. 113. 同右
（25）Ibid., p. 113. 同右

（26）Dewey, J.（1916）. *Democracy and Education: An Introduction to the Philosophy of Education.* New York: Macmillan. 松野安男訳『民主主義と教育（下）』岩波書店、一九七五年、三四―三五ページ

（27）Dewey, J.（1986）. The Pattern of Inquiry.

第7章　科学のなかの「見る」

一五五一年、医師のアマトゥス・ルシタヌス〔一五一一―六八〕は、「一〇〇の興味深く有益な症例[1]」を収録した全七巻の症例集の最初の巻である『Centuria I』を出版しました。アマトゥスは、キリスト教に改宗させられながらも密かにユダヤ教を信仰していた「マラーノ」と呼ばれたイベリア半島のユダヤ人の末裔で、ポルトガルで生まれ、スペインで医学を学びました。しかし、異端審問を恐れてイベリア半島では職業に就くことができず、宗教的に寛容な雰囲気に包まれていたイタリアに向かいました。アマトゥスはイタリアで成功を収めました。医師、教師、学者として広く知られるようになり、患者のなかにはイタリアの貴族やローマ教皇も含まれていました。見事な解剖を伴う学術講義は有名で、一回の講義で一二の遺体を解剖したことで知られています。また、アマトゥスは静脈に弁があることを発見し、それが血液の循環の発見につながったとされています。

アマトゥスは学者であると同時に改革者でもありました。『Centurae』を出版するさいには、当時としては異例の方法で文章を配列し、読者が二種類の科学レポートを視覚的に区別できるような組版方法を採用しました。まず、標準的なローマン体で「Curatio」と題された項目には、ある症例の特徴についての観察結果を記しました。続いて、イタリック体で「*Scholia*」と題された項目では、その症例について学術的に解説しています。つまり、アマトゥスは、観察と理論を明確に区別するために、テキストの規則を利用したのです。また、観察と理論を同等に扱うことで、近世科学における観察の地位が急速に高まっていることに光を当てたのです。

現代の私たちから見れば、観察をすることが科学の実践の一部であるというのは当然のことのように思えるかもしれません。現代の科学知識の特徴は、それが慎重かつ体系的な観察から得られるものであり、しばしば実験によって補完され、自然界についての検証可能な理解につながるというものです。しかし、一六世紀以前のヨーロッパでは、自然界に対する科学的な理解は、直接の観察からではなく、第一原理や一般的な規則から得られるものと考えられていました。観察によって得られた知識は、農民や船乗りなどの日常的な判断材料として実用的な価値があるとされていました。しかし、それは科学的な知識というよりも、むしろ民間伝承の域を出ないものでした。たとえば、気象現象を観察することは、船乗りが航海のタイミングを予測するのに役立つかもしれませんが、気象の第一原理、つまり気象パターンを決定する一般法則や、その一般法則を導き出す第一原理を説明することはできませんでした。第一原理の発見は学問的な分析の問題であって、直接の観察とは関わりがないものとされたのです。

ルネサンス以前の人びとが経験的な観察をせず、重視もしていなかったわけではありません。もちろん、それはありました。しかし、歴史家のキャサリン・パークが指摘しているように、学問的な書物のなかでは周辺的な存在でしかありませんでした。パークは「余白のなかの観察、五〇〇—一五〇〇年（Observation in the Margins, 500–1500）」という論文のなかで、古代や中世の書物では、自然界に関する経験的な観察がしばしば文章の余白に匿名で書き留められていたと述べています。それはたいてい、航海や農作業などの実用的な関心に関わるものでした。科学的な知識を得るためには、直接的な知覚は周辺の余白《マージナル》と考えられていただけでなく、「観察」という言葉自体が特定の意味に定まっていなかったのです。一世紀の学者プリニウスによる百科全書的な著作『博物誌』は中世に広く影響を与えましたが、プリニウスは、相関関係を探る最初の過程と、そこから派生した実用的な規則（ゆでたカタツムリと焼いたカタツムリを奇数個食べると胃腸障害にとくによい、など）、この両方についての観察を指す言葉として「observationes」の語を用いた、とパークは説明しています。(2) 近代以前の科学における observationes の二重の意味は、何かを経験的に記述することと、それに関連する観察や手順の方法の両方を意味していました。

事例研究的な観察と推測的な解説とを書体で分けるというアマトゥスによる慣習は、観察の概念をより明確にするための重要な一歩でした。また、それはジャンナ・ポマータが「認知の様式（epistemic genre）」と呼んだ、とくに科学的な観察について書くための新しい慣習であり、一六世紀半ばにヨーロッパで誕生し、すぐに分野を越えた学者たちに受け入れられました。ポマータはこう述べています。「天文学や占星術、言語学、辞書学、法学、医学、旅行記に至るまで、学者たちは新しい種類の文章を書き、「observationes」という新しい名のもとに、意図的にまた誇りを持って発表した(3)」。

この新しいジャンルは、今日の私たちにもなじみの深い「観察」という概念を前面に押し出していました。科学史家のロレイン・ダストンは次のように述べています。

> 観察という新たな認識ジャンルの特徴は、第一に、名前のある著者が直接目撃した（autopsia）特異な出来事に重点を置いた（キケロやプリニウスが記した数世紀にわたる匿名のデータの蓄積とは対照的である……）。第二に、観察と推測を意図的に分離しようとした（中世のスコラ学が観測を占星術などの推測的科学と結びつ

図7-1　社会全体がクジラを観察するために集まる。「ベーフェルウェイク近くの座礁クジラ」。ヤン・サーンレダム(1602年)。ニューベッドフォード捕鯨博物館の許可を得て複製

けていたのとは対照的)。第三に、時間と空間を超えた観察者の仮想の共同体を作り、手紙や出版物でかれらの観察の結果を伝達し蓄積していった[4]……。

一六世紀後半における観察が、科学的学問の周辺から、科学的活動の中心的かつ重要なものになるまでの変化は、急速かつ劇的なものでした。この変化がどれほど強固であったかを知るために、アマトゥスが『Centurae』の第一巻を出版した日からわずか五〇年前の版画を見てみてください〔図7-1〕。

一六〇二年に版画家ヤン・サーンレダム〔一五六五―一六〇七、オランダの画家〕によって制作されたこの版画には、北海の浜辺に打ち上げられたクジラと、それをありとあらゆる方法で観察する人びとが描かれています。読み進める前に、この絵をよく見てみてください(拡大鏡を使ってもかまいません)。この場面で起こっているさまざまな観察行為について、あなたはど

のようなことに気がつきましたか。

この版画では、あらゆる人びとが珍しい光景を目にするために集まる場面が描かれています。クジラの上や周りに何人もの人がいて、いろいろな測定をしています。また、クジラを触って感触を確かめている人もいます。左下の隅に写っているのは、クジラを丁寧に描いている画家とその従者たちです。クジラの腹の真正面に立っているのは、羽のついた帽子をかぶり、洒落た服装をした貴族です。彼はおそらく公爵で、この版画制作の依頼者でしょう。鼻に当てたハンカチは、クジラの強烈な悪臭が彼の高貴な感性を乱していることを示唆しています。クジラの背後では、見渡す限りの町の人びとがクジラの死骸に向かって押し寄せ、自らの目で見ようと、そしておそらく触ったり匂いを嗅いだりしようと列をなしています。ゆっくり見るという本書の観点からすれば、これは大事件です。社会のあらゆる階層の人びとが、真剣に観察するために集まってきています。(5) 一六〇二年までには、観察がそれまでのような周辺的位置づけではなく、知識を得るための重要な方法であるという考え方がすでに一般的になっていたのです。アマトゥス・ルシタヌスは、おそらく喜んでいたことでしょう。

アマトゥスの『Centurae』が出版されてから数世紀のあいだに、科学的な観察の行為を拡張し、問題化するような出来事が数多く起こりました。洗練された機器が開発され、観察者のネットワークは時空間や社会階層を超えて広がり、観察の精度を高めるための考え方も変化していきます。しかし、このような変化のなかでも、科学的な観察の行為の核となる特徴は比較的安定していました。それは、ロレイン・ダストンが一六世紀の認識の様式である「observationes」について述べた特徴とほぼ同じものです。まず、観察データは匿名のものではありません。個々の観察者、あるいは観察者のチームやコミュニティは、かれらが行った観察と自分たちの名前で結びついています。それにより、観察方法は精査され、そのデータは少なくとも理論的には、他の観察者が同様の環境で同じ方法を用いて再現することができます。もうひとつは、観察と理論の分離です。これは、あるものが「何であるか」に気づいて説明することと、何かの意味を解釈したり説明したりすることは、異なる認知的な動きを伴うという考え方です。三つ目は、科学コミュニティのなかでの観察結果の伝達と蓄積です。これは、自分の観察記録を他の人が見て、そこに追加したり、そこから拡張したり、学んだりするという考え方です。ここでの暗黙の了解として、観察記録は、探究のコミュニティにおいて信頼できるツールとなる方法で伝達されるべきだという考えがあります。アマトゥスがケーススタディの観察結果を学術的な推測から明確に分けて発表したのは、このような目的があったからだと想像できます。

すべての観察記録がこのような公共の目的を持っているわけではありません。記述に関する先の章で見たように、科学者の初期のフィールドノートには、観察、疑問、推測を織り交ぜたくだけたメモが含まれていることが少なくありません。しかし、科学者は、科学的探究の過程のある時点で、他の科学者や学者のための資料となることを意図して観察記録を作成します。この記録にはさまざまな形があります。アマトゥスの「Curatio」の項目にあるような文章であったり、漂着クジラを観察している芸術家の集団が作成しているような絵や図であったりします。あるいは、アトラスや地図、天文模型、解剖図、植物画、フィールドガイドなど、観察可能な世界の一片を正確に描写し、他の人が研究できるように慎重に描かれた記録であるかもしれません。

これらの観察記録のおもな目的のひとつは教育的なもので、科学者や初学者の情報源の役割を果たします。何を見るべきかを明らかにすることで、初心者の観察眼を鍛え、専門家の目を回復させ、再調整することに役立ちます。図や写真、地図、フィールドガイドなど、これらの記録の使い方を学ぶことは、多くの科学分野での訓練の一環であり、そこで記録は客観的な権威あるオーラをまといます。蝶のフィールドガイド、消化器系の解剖図、月の満ち欠けの合成写真などを思い浮かべてください。

人間が作った科学的な観察の記録は、それ以外の表現方法と同様に、主題の観点からだけでなく、作成者の心や時代の気分を知る手がかりとしても読み解くことができます。本書の観点からこの手がかりを探るのは興味深いことです。なぜなら、他のゆっくり見る行為と同様に、注意深い科学的な観察行為は、それがどのように行われ、その記録がどのように表現されるべきかについての考えや理想を反映しているからです。その考え自体にも歴史があるのです。次の節では、科学的観察の作成と記録を形作る考え方の歴史について詳しく見ていきましょう。しかし、読み進める前に、このテーマについて自分自身の考えを探ってみるのも面白いかもしれません。次の二つの質問を考えてみてください。

①　科学者が科学的観察を行うさいに心がけるべき基準や価値観は何だと思いますか。つまり、科学者はどのような心構えで観察活動に臨めばよいのでしょうか。

②　これに関連して、科学者がより幅広い科学コミュニティに利用できるように作成する地図、図、印刷物、説明文など、観察結果を伝えることを目的とした観察記録を作成するさい、どのような基準や価値観を持つべきだと思いますか。

最初の質問について考えた人は、科学的な観察を行うための適切な心構えとして、偏見がないこと、徹底して正確であること、慎重であること、公平であることなどを挙げたかもしれません。二つ目の質問では、観察記録を作成するための適切な基準は、明確で、正確で、現実に忠実であること、つまり、物事を「ありのまま」に示すことである、と提案したかもしれません。どちらか一方、あるいは両方の質問に対して、「客観的」という言葉が頭に浮かんだかもしれません。それも無理はありません。科学的な観察は客観的であることをめざすべきだという考えは、二一世紀の私たちにはなじみ深いものです。絶対的な客観性の可能性を問題視しつつも、望ましいパラダイムとして直観的に受け入れているのです。具体的には、科学的な観察には観察者の視点から何らかの影響を受けざるを得ないこと、つまり、哲学者のトマス・ネーゲルが「どこでもないところからの眺め（the view from nowhere）」と呼んだものが実際にはありえないことを認識しているにもかかわらず、理想としての客観性には惹かれるのです。しかし、観察を行い、記録するためのパラダイムは時代によって異なっており、客観性のパラダイムは長い物語のなかのひとつの章にすぎません。

観察の歴史的パラダイム

科学史家のロレイン・ダストンとピーター・ギャリソンは、その記念碑的な著書『客観性（Objectivity）』[6]で、かれらが総称して「目の認識論（epistemologies of the eye）」と呼ぶ、観察に関する三つのパラダイムの歴史をたどっています。それぞれのパラダイムは、前述の二つの問いに対して、特徴的な方法で語っています。最初のパラダイムは、かれらが「自然（本性）への忠誠（truth-to-nature）」と名づけたもので、科学的観察の結果を視覚的に表現したもの（アトラス、版画、ドローイング、地図）は、観察された現象や対象の本質的で原型的な性質を示すものでなければならないという考えにもとづいています。このパラダイムの典型的な例は、とくに一九世紀以前の植物画や剥製に見られます。これらの例では、完璧な形の葉や花、動物の典型的なポーズなど、典型的な特徴を強調した種や標本が理想化して描かれています。標本が自然のなかで示されていても、たとえばオーデュボン〔一七八五—一八五一、アメリカの鳥類学者。『アメリカの鳥類』、『アメリカの四足動物』など〕が自然のなかで描いた鳥のように、その標本をもっとも典型的に表していると作者が考える特徴が強調されています。したがって、ゆっくりと注意深く観察する目は、ゆっくりと見る過程でこれらの規則性や本質的な性格を探ることが求められるのです。

ダストンとギャリソンが論じた第二のパラダイムは、一九世紀半ばに登場した「機械的客観性（mechanical

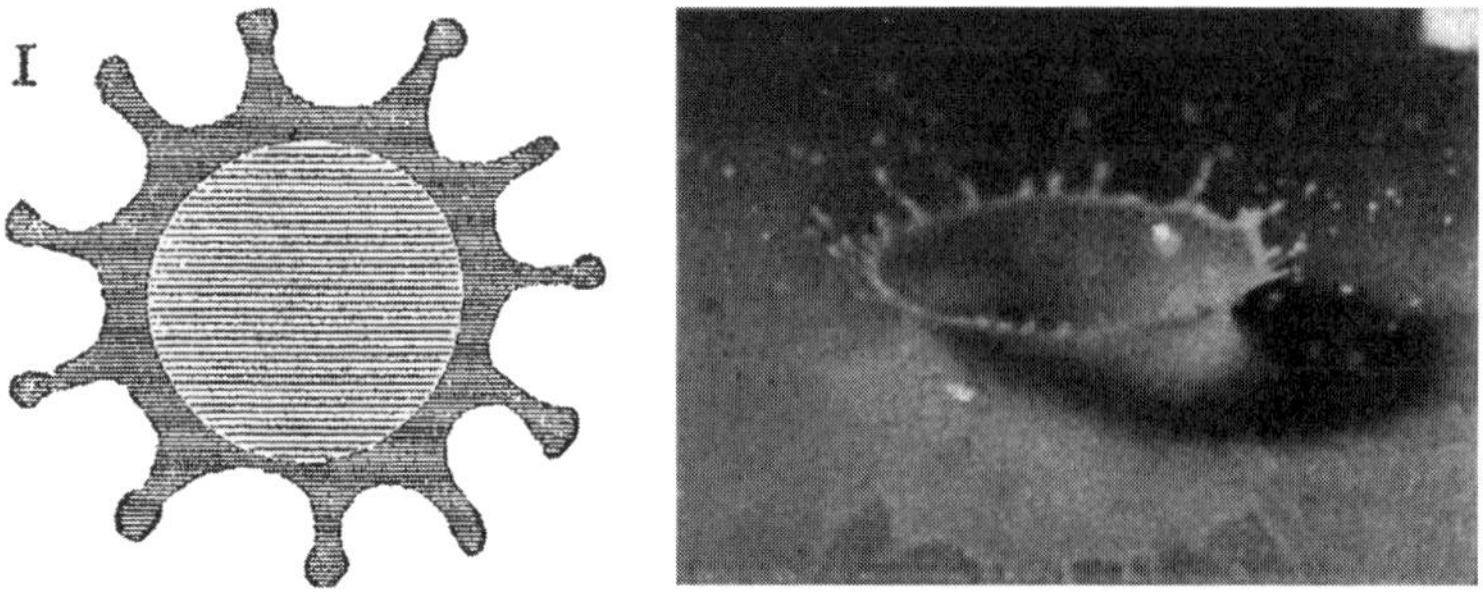

図7-2　アーサー・メイソン・ウォージントンによる液体飛沫の研究より。1876年(左)/1908年(右)。パブリックドメイン

objectivity)」と呼ばれるものです。このパラダイムは、一瞬のなかに現れる自然の姿を、その不完全さも含めて機械的に捉えようとする「客観的」な記録作りを重視するものです。この機械的なイメージの作成には、もともと写真が大きな役割を果たしていましたが、他の方法でも実現が可能でした。それは、人の手を可能な限り削除し、厳密な手順で観察記録を残すという考え方でした。ダストンとギャリソンは、『客観性』の冒頭で、イギリスの物理学者アーサー・ウォージントン〔一八五二―一九一六〕が「自然への忠誠」から「機械的客観性」へとパラダイムシフトした様子を見事に表現しています。

ウォージントンは流体力学を専門としており、とくに水しぶきの物理的な過程に興味を持っていました。彼の研究室での実験は、水銀や牛乳などの液滴が硬い表面に当たって飛び散ったときに何が起こるのかについて正確に観察することをめざしていました。そして一〇〇〇分の一秒の閃光で水滴を照らし、衝突の瞬間の水しぶきの形状を目で確認し、それをできるだけ忠実に描くという、手の込んだ手順を考案したのです。確かに、彼のスケッチには、水しぶきの散らばり方にわずかな非対称性が見られるものが少なくありません。ウォージントンは、これは偶然の産物であり、目で直接観察する能力の限界でもあるので、多少の不規則性は避けられないことを承知していました。しかし、彼はそこに規則性があると推定し、発見を説明するための図面には、理想的な水しぶきの

対称性を示すものを選んだのです。

そして一八九四年、彼は視覚的な記憶に頼るのではなく、写真を使って水しぶきのイメージを撮影する方法を考案しました。写真を見ると、描いた絵の多くの部分の正しさが確認できた一方で、予想以上に不規則な形をしていることもわかりました。やがて写真が蓄積され、個々の水しぶきに非対称性が確認されるようになると、ウォージントンは、この状況を突然理解する瞬間（"aha" moment）を迎えます。つまり、非対称性は例外ではなくむしろ〔物理的な〕法則だったのです。

彼は、科学論文では対称性のある絵を好んで選び掲載することで、無意識のうちに、多様であることが普遍的だという真実を見えなくしていたのです。ウォージントンは、カメラという機械的な道具を使うことで、見たいものを見たと思い込む誘惑を排除できたからこそ、このような理解にたどり着けたのだと考えました。ダストンとギャリソンは次のように説明しています。

> それらの写真を手にして初めて、ウォージントンは非対称性や欠陥が、中心となる明瞭で完璧な図像からの単なる逸脱などではありえないと考えるようになった——どこまでいっても、不規則性だらけであることがわかってしまったのだ。もはやウォージントンにとって、個別の飛沫のなかには見出されないにもかかわらず、それらの背後に存在する理想化された「オート・スプラッシュ」を生み出し続けることに意味があるとは思えなかった。かくしてウォージントンは、本性への忠誠から客観性へと移行したのである。[7]

ウォージントンは時代の寵児であり、一九世紀後半には機械的客観性という理想が科学界全体に定着していました。ダストンとギャリソンが慎重に指摘しているように、写真の登場がその唯一の原因ではありません。たとえば、写真の加工は写真が発明されたときから行われていたので、最初からすべての写真が「客観的」とされたわけではありません。また、機械的に作られたイメージの自動性に近づけるために、トレースや高度に管理された手描きのドローイングなどの手続きが用いられることもあります。つまり、科学者が利用できる機械のような手続きは写真だけではないのです。しかし、客観性のために使用される場合、写真やその他の機械的に作成された観察記録は、「自然を理論化、擬人化、美化、あるいは解釈しようとする内なる誘惑から自由だとされたのである。人間の観察者が鉄の規律によってようやく達成できることを機械は難なくやってのけた[8]……」。

機械的客観性という理想は、二〇世紀に入っても科学的な観察を支配していましたが、ここには限界もありました。一九一〇年代になると、観察活動の別のパラダイムが現れます。ダストンとギャリソンはこれを「訓練された判断力（trained judgment）」と呼んでいます。これは、機械的客観性に代わるものというよりも、それを補強するものとして登場しました。機械は、きわめて正確な観察記録の作成はできても、パターンの整理や分類、識別はできません――それも今は変わりつつありますが[9]。X線を読む、恒星のスペクトルを分類する、脳波で脳活動のパターンを見分けるといった活動には、「機械的手続きには還元できないやり方で関係性を総合し、強調し、把握する」ための訓練された判断力が必要だったのです[10]。

機械による記録が捨て去られたわけではありません。むしろ逆です。しかし、機械による記録を理解するには、機械のような手順以上のものが必要となったのです。これは、けっして偶然ではありませんが、機械的客観性の限界が指摘されていたころ、心理学では無意識の可能性について新しい考え方が生まれていました。ジークムント・フロイトが無意識を衝動と欲望の広大な攪拌槽と見なしたことを受けて、心理学者たちは無意識の働きを、濾過されていない衝動の大鍋としてだけでなく、創造性と洞察力の源としても見なすようになりました。そこでは、考えが意図せず生み出され、大量の情報と経験が本人の知らぬ間に分類と処理をされ、直観や洞察、暗黙知などの形を取って意識下の領域へと向かう、とされました。このような無意識の能力に対する新たな見方は、科学者の観察力に新たな光を当てることになります。機械的客観性のパラダイムのもとで科学者がめざしていた「科学的に見通す力（scientific sight）」は、主観的な自己を抑制することに依存していました。しかし、科学者やその補佐にあたる専門技術者の観察力は、無意識の主観的な働きによって強化されていると考えられるようになったのです。長年の経験と訓練により、科学者はデータを見て、あまり意識的でない識別力に頼ってパターンを判別し、データをグループ化して分類し、正常と変動の範囲を見極めることができた、というわけです。

　科学者の直観的な判断は、機械で生成された観察結果を補強することができ、そうすべきだというこの信念は、コンピュータ時代にも引き継がれています。ダストンとギャリソンは、ノーベル賞を受賞した物理学者ルイス・アルヴァレズ〔一九一一―八八〕の例を挙げています。アルヴァレズは素粒子物理学の分野で、液体水素のバブルチャンバー内での何百万もの粒子の相互作用を写真に撮り、その画像を分析するための複雑なコンピュータシステムを開発しました。アルヴァレズは、カリフォルニア大学バークレー校の放射線研究室に、世界でも有数の高性能な機器を備えていました。しかし、彼が主張したのは、この研究室で働く者はみな、「コンピュータ支援による定量化と並んで、訓練された判断が要求される問題として科学的図像を見るように教えられてい」ることでした。[11] アルヴァレズは一九六六年に次のように述べています。「デジタル計算機の汎用的パターン認識能力に対する［私の］否定的な反応以上に大事なのは、人類は生まれながらにして驚くべき読み取り《スキャン》能力を有していることについて私が持っている強い肯定的な感情である。この能力を使うべきだと私が信じているのは、それが計算機のなかに構築できるどんなものよりも優れているからだ[12]」。

パラダイムの持続

　ダストンとギャリソンは、観察のパラダイムには歴史があり、あるパラダイムの完全な開花は、過去のパラダイムに対する反応として定義される部分が多いと強調しています。たとえば、機械的客観性は本性への忠誠の欠点に対する反応として生まれ、訓練された判断は機械的客観性の限界に対する修正として生まれました。しかし、科学の考え方は、厳密に定義された科学の壁を越えて、日常生活における観察の考え方にも影響を与えており、新しいパラダイムが出現したからといって、古いパラダイムがなくなるわけではありません。これら三つのパラダイムは、いずれも私たちのふだんの経験のなかにあり、なじみ深い観察の心構えを捉えています。

　本性への忠誠を表現するために、誰かと共有したい印象的なシーンの写真を撮ることを想像してみてください。たとえば魅力的な街並みや遠くの山の景色など。おそらく一枚ではなく、何枚かの写真を撮ることでしょう。角度や高さを少しずつ変えながら、その情景のよさを捉えようとするのではないでしょうか。そして、どの写真を共有するかを決めるときには、その基準を意識することなく、その情景のよさをもっとも表していると思われる写真を選ぶことになるでしょう。

　機械的客観性を求める心構えの例として、描写についての章〔第4章〕で紹介した「ブラインド・コンター・ドローイング」という課題を思い出してください。これは、紙から手を離さず、ページに目を落とすことなく、対象物の輪郭を描くというものです。この演習では、自分が見たと思うものを描いたかどうかを確認せずに、実際に目にしたものを手でなぞることで、観察における判断や先入観の役割が軽減されます。この活動の心構えは、機械的客観性だといえます。手と目が一種の機械として一緒に働き、主観的な自己を観察の過程から遠ざけるのです。

訓練された判断の例として、ベテランのネイチャーガイドが観光客を連れて荒野を歩くことを考えてみましょう。彼女は、観光客が注目するような名所を探しながら、樹冠の音や落ち葉の乱れ、気温の微妙な変化、空気中の香りの痕跡など、環境のあらゆる特徴に注意を払っています。観光客からの質問に答えて、彼女は、このように複数の感覚で捉える風景のなかで、どのように顕著な特徴を見て聞いているかを分析して示すことができるかもしれません。しかし、それは分析ではなく、専門家としての長年の経験から得られた直観によるものなのです。

前述の三つのシナリオは、いずれもフォーマルな科学的活動を伴うものではありません。しかし、これらのシナリオは、科学的観察のパラダイムに影響を与える実践と理想が、訓練や体系化がさほどなされていないが、フォーマルとまではいいにくい観察の実践にも影響を与えていることを示しています。今でも科学のなかでは、ゆっくり見る実践は活発になされています。科学はスロー・ルッキングの主要な場のひとつであるため、科学的な観察の歴史はスロー・ルッキングの理解を深めるのに役立ちます。

科学的観察とスロー・ルッキングは同じものではありませんが、いくつかの重要な点で重なり合っています。まず、根幹部分において、両者は認識論的な約束事の核の部分を共有しています。どちらも、注意深く観察することが世界についての知識を得るための重要な方法であるという信念にもとづいているのです。また、科学的な観察は（常にではありませんが）、スロー・ルッキングの形を取ることがあります。理由は単純で、丁寧で正確な観察には時間がかかることが多いからです。さらに、本書で定義されているように、ゆっくり見ることは、第一印象を超えることを意味しており、それはしばしば長期にわたる科学的観察の目標でもあります。スロー・ルッキングは、科学以外のさまざまな領域や学問分野でも起きうる幅広いカテゴリーです。しかし、ゆっくり見ることも、第一印象を超えることも、科学的観察に必須の要件ではないことに留意する必要があります。瞬間的な印象や機材を用いてきわめて素早く観察を行う科学者もいます。また、科学者の第一印象が、訓練された注意深い観察方法にもとづいている限り、第一印象を超えることは科学ではとくに求められないのです。

科学とスロー・ルッキングのもうひとつの共通点は、スロー・ルッキングはなおのことそうなのですが、科学的な観察は、没頭している自分から一歩引いた認知的な志向性を特徴としていることです。科学において、この志向性の変数は比較的はっきりしています。科学的に観察しようとする人は一般的に、偏見や個人的な利害関係から自由になって観察を行い、観察結果を報告するさいには正確さ、明瞭さ、一貫性をめざします。しかし、本章で見てきたように、この比較的狭い要素のなかにさえも、バリエーションの余地があるのです。自然に忠実な観察は本質や規則性を求め、機械的客観性は独自性や多様性を追求し、訓練された判断はパターンや特徴を見極める専門家の直観に依存します。

一五五一年にアマトゥス・ルシタヌスが、医学的な症例研究の観察と学術的な考察を異なる書体で分けると決めたとき、彼の革新は、見ることによる学習についての考え方が文化のなかで劇的に変化していく一端をなすものでした。アマトゥスは医師であり学者であり、彼の『Centurae』は学識ある読者に向けて書かれたものです。しかし、サーンレダムの漂着したクジラの版画に描かれた群衆が示すように、観察への情熱は学識層をはるかに超えて広がっていました。サーンレダムの絵に描かれた人びとのなかには、科学的な目的を持つと思われる行動をしている人がいます。測定する人たちや科学的な絵を描く画家たちは、その時代や作業に特有の観察のプロトコルに則っており、明らかに何かを学んでいます。しかし、多くの観衆は、より一般的な方法で、ゆっくりと見ることの喜びを享受しているように思われます。かれらもまた学んでいるといえるのでしょうか。だとすれば、どのような洞察や理解を得ているのでしょうか。次の章では、こうした疑問について考えてみたいと思います。

注

（1）この副題は、ルイス・ペルナーが以下の論文で使用したもの。Pelner, L. (1969). Amatus Lusitanus (1511–1568) a prophetic physician of 15th century. April 28, 1969, in *JAMA 208*(4).

（2）Park, K. (2011). Observation in the margins, 500–1500. In Daston, L. & Lunbeck, E. (Eds.), *Histories of Scientific Observation* (15–44). Chicago: The University of Chicago Press.

（3）Pomata, G. (2011). Observation rising: birth of an epistemic genre. In Daston, L. & Lunbeck, E. (Eds.), *Histories of Scientific Observation* (45–80). Chicago: The University of Chicago Press.

（4）Daston, L. (2011). The Empire of observation. In Daston, L. & Lunbeck, E. (Eds.), *Histories of Scientific Observation* (81–113). Chicago: The University of Chicago Press.

（5）サーンレダムの版画とその歴史的意義については、以下に所収のメリッサ・ローの論考を参照。Dackerman, S. (2011). *Prints and the Pursuit of Knowledge in Early Modern Europe*, Harvard Art Museums/Yale University Press, p. 48.

（6）Daston, L. & Galison, P. (2010). *Objectivity*. New York: Zone Books. 瀬戸口明久・岡澤康浩・坂本邦暢・有賀暢迪訳『客観性』名古屋大学出版会、二〇二一年

（7）Ibid., p. 156. 同右、一二五ページ

（8）Ibid., p. 139. 同右、一一〇―一一一ページ

（9）ダストンとギャリソンが二〇〇七年に執筆したものによる。その間の一〇年間で、人工知能、とくに人間の直観をシミュレートするように設計されたプログラムの開発には大きな進歩があった。近い将来、科学者たちは、ＡＩシステムが「機械学習」と呼ばれるプロセスで知識を獲得し、データからパターンを抽出できるようになると期待している。機械は確かに、ある程度の主観性を身につけ、人間スケールの問題を解決できるようになるかもしれない。たとえば、Goodfellow, I., Bengio, Y., & Courville, A. (2016). *Deep Learning*. Cambridge: The MIT Press. 岩澤有祐・鈴木雅大・中山浩太郎・松尾豊監訳『深層学習』ＫＡＤＯＫＡＷＡ、二〇一八年

（10）Ibid., p .314. 同右、二五八ページ

（11）Ibid., p. 330. 同右、二七一ページ

（12）Ibid., p. 330. 同右、二七二ページ

第8章 スロー・ルッキングと複雑さ

すべての教育哲学は、その哲学が生み出す知識の種類を示すことで、自らを正当化しています。この正当化は通常、目的論の形を取ります。つまり、ある物事をある方法で学ぶことで、ある種の知識や理解が得られるというものです。スロー・ルッキングに関していえば、それを教育実践として真剣に考えようとするならば、その有益性の証拠となる特徴的な知識を示せねばならない、となるわけです。言い換えれば、たとえば生徒が時間をかけて貝殻や絵画、にぎやかな街角、あるいは自分の手の甲などをじっくり見ていたとして、そこにはかれらが獲得する実証可能な理解の質があるはずだ、ということです。

これまでの章で示唆してきたように、そのような理解の質は、ゆっくり見ることから生まれます。人は、時間をかけてゆっくりと物事を見ることで、物事の複雑さ（complexty）を複数の方法で理解できるようになります。これは、極端な考え方ではなく、「学校で見る」の章で紹介した教育理論家のなかにも同意見の人物がいるかもしれません。たとえば、フリードリヒ・フレーベルは、立方体、球体、円柱などの原初的な形を感覚的に探究することで、子どもたちは物理的な世界の複雑な構造を見極めるようになると考えていました。また、自然学習の推進者たちは、自然界をよく観察することで、自然のシステムの複雑さについて、そのシステムのなかでの自分の位置も含めて理解することができると考えていました。

教育の観点からすると、複雑さの理解を、ゆっくり見ることとの成果とすることは、いくつかの点で有益です。ひとつは、ゆっくり見ることを促すような教育体験をデザインするさいの羅針盤となることです（生徒が複雑さを見つけ、分け入っていけるようにデザインすること）。もうひとつは、教育者がゆっくり見ることの成果を評価するさいに、何を見ればいいのかを知る助けになることです（生徒が複雑さを見極めたことを示す徴候を見つけること）。しかし、この考え方は、答えと同じくらい多くの疑問を投げかけます。たとえば、複雑さはさまざまな形を取って現れます。人間の身体を考えてみましょう。人間の身体は、多くの物理的な部分やシステムで構成されているため複雑ですが、それに付随するさまざまな考え方や習慣によっても複雑なものになっています。人体を注意深く観察することで、その複雑さの一部を理解することはできますが、すべてを理解することはできません。では、「ゆっくり見る」ということは、どのような複雑さを見極めるのに適しているのでしょうか。さらにもうひとつの疑問は、複雑さと知識との関係です。複雑さを見分けることは、本当に一種の知識なのでしょうか。もしそうだとしたら、その理由はどういうものなのでしょうか。また、仮に知識の一種だとして、その価値はどの程度のものなのでしょうか。すべての知識に時間をかけて得る価値があるわけではありませんし、ゆっくり見ることは間違いなく時間がかかります。この時間と価値の方程式は、指導にどれだけの時間を割くか、ひいては生徒にとってどのような知識が価値あるものかを常に判断しなければならない学校の教師にとっては、ことさら切実な問題なのです。

三種類の複雑さ

人体の例が示すように、物事にはさまざまな複雑さがあります。複雑さのなかには、物語の複雑さや、正義や自由といった大きな概念の複雑さのように、観察によって容易に認識できないものもあります。また、因果関係の複雑さも簡単に認識できるとは限りません。たとえば、コップがテーブルから落ちることの直線的な因果関係は理解できるかもしれませんが、揚力を生み出す翼面全体にかかる圧力の相関的な違いは理解できないかもしれません。

ゆっくりと見ていくことでわかる複雑さには、三つのタイプがあります。ひとつは、部分と相互作用の複雑さで、これは物事の物理的な複雑さや複数の特徴が相互に作用する方法に関係しています。次に、視点の複雑さで、物理的・概念的に異なる視点から見たときに、物事がどのように見えるかを表しています。最後が関わり合いの複雑さで、これは知覚者と知覚対象のあいだの相互作用に関するものです。

これらの三つのタイプの複雑さは、それぞれ個別の検討が可能で、のちほどそれぞれのタイプを詳しく見ていきます。しかし、これらの複雑さに気づくことは、観察の自然な流れのなかでひとつに絡み合っていることが多いのです。作家や芸術家の描写のなかには、このようなことはよく見られます。たとえば、ヴァージニア・ウルフが一人称で書いた「壁のしみ」(1)という短編小説から、三つの部分を紹介しましょう。この物語では、無名の語り手が肘掛け椅子に座り、居間の壁についたしみを観察しながら、自分の思考の流れを語ります。「小さな丸いしみは、マントルピースの六、七インチほど上方の白い壁面に黒くついていた」という簡潔な説明から始まります。

この簡潔な説明文のなかにも、語り手が一見しただけではなく、しみの具体的な特徴（小さい、丸い、黒い）

や、白い壁に対するしみの黒、マントルピースの上にあるしみの正確な位置など、大きな文脈の特徴との関係を明らかにしているのがわかります。このように、ただのしみとして片づけるだけではなく、そのしみの物理的な特徴や位置を詳細に説明し、新たな次の思考へと移ることで、語り手はその部分の複雑さを理解し始めているのです。

話は続きます。しみの特徴をしばらく考えたのち、ウルフはこの観察の初期段階について思索をめぐらせます。「私たちの思考はいかにたやすく新しいものに群がることか。アリの群れが藁の一片を夢中になって運ぶように、それを少しのあいだ持ち上げて……」この内省からさらなる思索が引き出され、一瞬、注意はそのしみからあてもなく離れます。やがてそのしみに戻ってきますが、彼女の志向性は変わります。

私が、この瞬間、立ち上がって、壁のしみは実は――どう言おうか?――二百年前に打ちこまれた、大きな古釘の頭部であることを確かめたら――女中たちが何代にもわたって辛抱強くこすったので、釘はペンキの膜の上に頭部をあらわし、暖炉の燃える白壁の部屋の光景のなかに現代生活をはじめて眺め渡しているのだが――なにを得ることができるだろうか？　知識だろうか？　より深い思索の材料だろうか？

ここで語り手は、視点の複雑さとたわむれています。まず歴史的な視点から、彼女はこのしみを「二百年前に打ちこまれた、大きな古釘の頭部」と見なしています。次に、このしみが歴史の観察者であり、おそらく彼女の観察者でもあることを想像し、「現代生活をはじめて眺め渡している」という視点に立っています。そして最後に、大主教や大法官についての思索にまで及んだのち、語り手は自分の視線をしみと現在の瞬間に完全に集中させ、自分とそのしみとの関わりを考えるのです。

実際、しみを凝視していると、海中で厚板をつかんだような気になる。カンタベリーとヨークの二人の大主教たちと大法官を、たちどころに亡霊のような存在にしてしまう、充足した現実感を感じるのだ。なにか明確なもの、なにか実体のあるものがここに存在する。

語り手の「なにか明確なもの、なにか実体のあるもの」をつかんだという感覚は、壁のしみをパッと見るだけでなく、その観察範囲を広げることによってもたらされています。そのさい彼女は、部分と相互作用の複雑さ、視点の複雑さ、そして関わりの複雑さといった、それぞれのタイプの複雑さに自然に触れています。それぞれの複雑さについてはわずかに触れているだけなのですが、それらが浮き彫りになってくるよい例だといえるでしょう。では、もう少し詳しく見てみましょう。

部分と相互作用の複雑さ

複雑さというと、ふつう思い浮かべるのは部品や相互作用の複雑さについてでしょう。たとえば自動車のエンジン、懐中時計の内部、賑やかなレストラン、池の生態系など。これらはすべて複数の部分から構成されており、パッと見ただけではすべての部分を観察することはできません。しかし、それらの部分は互いに作用し合ってひとつの認識可能なシステムを形成しています。エンジンの部品が連動して車を動かす、時計の動きが連動して正確な時間を知らせる、料理人とウェイターが協力して料理を作り提供する、池の周辺の動植物が関係し合って生態系を構成する。事物の各部分について知り、それらがどう相互に連携して機能するかを学ぶことは、理解のためには重要となります。私たちは、物事の仕組みについて実際的な知識を追求しようとするときに、部分と相互作用の複雑さを学ぶことを身につけます。それは科学的知識の根幹であり、私たちがこの世界のなかで生きていこうとするときに、毎日それを頼りにしています。もっとも単純なものやシステムであっても、ほとんどの場合、一見しただけではわからないことがあるため、ゆっくり見ることにははっきりとした役割があるのです。

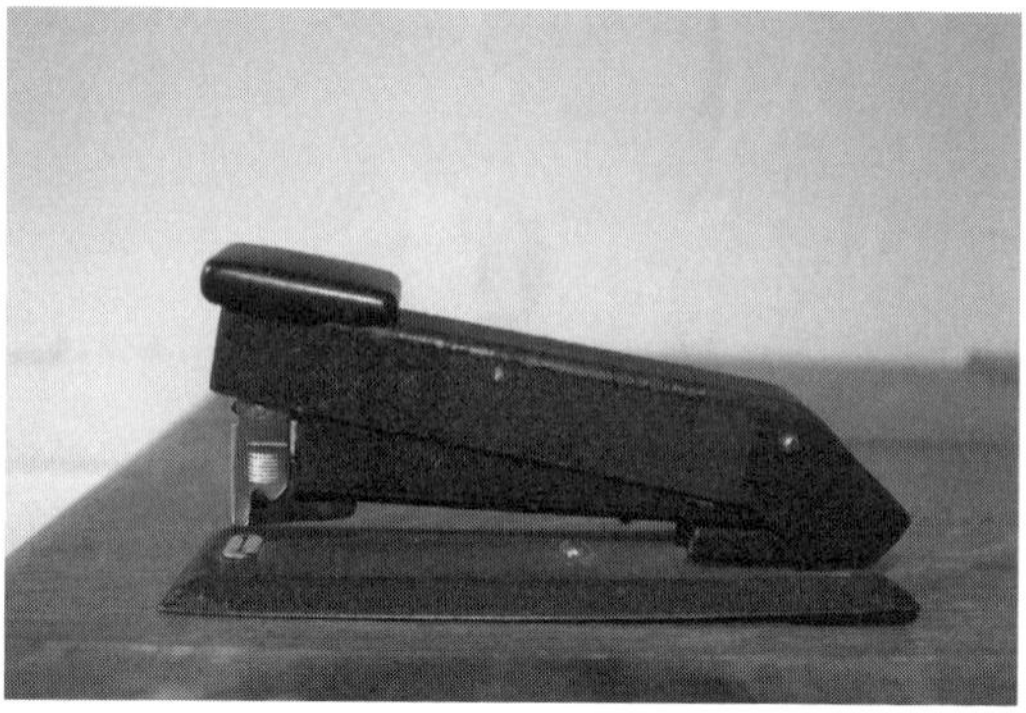

図8-1　シャリー・ティシュマン撮影

各部分の複雑さや相互作用の観察には時間がかかりますが、この課題にうまく対応する観察方策がインベントリーの作成です。これは、第2章で述べたように、時間をかけて観察可能なすべての部分をリストアップする方法です。その過程で、部分間の相互作用が明らかになることがあります。たとえば、次のような例がわかりやすいでしょう。

私の机の上には、昔ながらの事務用ホッチキスが置いてあります。ずっと昔から手元にあるこのホッチキスを、数分間じっくりと眺め、目についた機能をすべてリストアップするという課題を自分に課してみました。最初に気がついたことをいくつか挙げてみます。金属製のベースとアーム。針が出てくる部分の真上には、ステンレス製のヒンジプレートがある。ベースに沿って面取りされたエッジがあり、その下には長方形のプラスチックがはめ込まれている。ベースの上とアームに沿って数本のネジがついている。アームの上部には擦り切れた黒いプラスチックのカバーがあり、アームの下部の金属には「BOSTITCH（ボスティッチ）」の文字が刻印されている。剝がれた黒い塗装とその下の茶色い金属。これらの部品を見ていると、多くの部品が相互に作用して機能を果たしていることもわかります。たとえば、アームは蝶番でベースに取りつけられて動きます。ステンレスプレートも蝶番で開き、針を装塡するマガジンが現れます。また、アームの側面はネジで固定され、アーム全体はベースに固定されています。金属製のアームの上にはプラスチック製のカバーが乗っていて（どうやって取りつけられているのかはわかりません）、手で押す場所として使い込まれています。

このようによく観察することで、ホッチキスの各部品と相互作用の複雑さを理解することができるでしょうか。私はできる、と確信しています。三〇分前の私が、ホッチキスのさまざまな部品とそれらの相互作用を挙げろといわれたら、おそらくはるかに少ない数の部品しか挙げられなかったでしょう。さらに私を問い詰めて新しく得た知識の質を評価したいのであれば、私にホッチキスを渡して、その部品と相互作用がどのように複雑であるかを説明するように頼んでみてはと思います。おそらくかなりよい答えを出せると思います。

インベントリーの作成は、部分と相互作用の複雑さを明らかにするための日常的な方策として、きわめて適切なものです。その名称「インベントリー」で呼ばなくても、私たちはいつもそれを使っていますし、先ほどのホッチキスでもそれなりにうまくいきました。しかし、もっと精密なツールもあります。より的を射た質問を提供する方策の例として、プロジェクト・ゼロの活動が挙げられます。「部品、目的、複雑さ（Parts, Purposes, Complexities）」と名づけられたこの方策は、デヴィッド・パーキンスの著書『デザインとしての知識（Knowledge as Design）』[2]に触発されたもので、近年ではものづくりの学習に焦点を当てた「エージェンシー・バイ・デザイン（Agency by Design）」と呼ばれる研究開発プロジェクトの教育活動の一環として広く活用されています。[3]

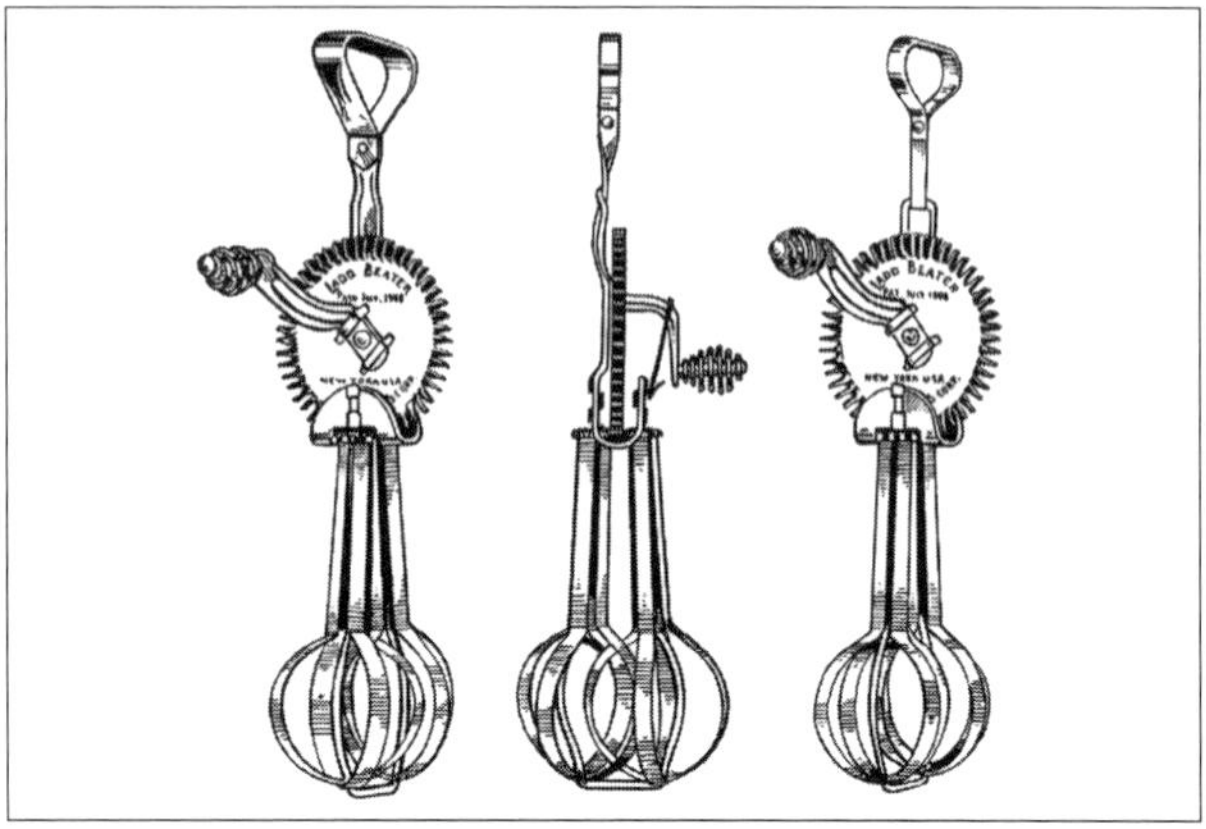

部品、目的、複雑さ よく見てみよう

あるものやシステムを選び、こう尋ねてみよう。

その**部品**は何か。
どのような部品や構成要素でできているか。

その**目的**は何か。
各部品の目的は何か。
どのような**複雑さ**がみられるか。
各部品やそれらの目的、部品間の関係、あるいはその他の点で、どのように複雑なのか。

囲み記事の方策を見てみましょう。ここでは、「その部品は何か」「その目的は何か」「どのような複雑さがみられるか」という三つの直接的な質問をしています。「エージェンシー・バイ・デザイン」プロジェクトでは、あらゆる環境、あらゆる学年の生徒が、多種多様なものやシステムに対してこの戦略を使用しました。いくつかの例を挙げると、泡立て器、トルティーヤプレス、ドアノブ、彫刻、携帯電話、コンピュータ、アップルパイ、スニーカー、箸、テディベアのぬいぐるみ、料金所、詩（正確には物理的な物体ではありませんが、間違いなく興味深い観察対象です）などを、じっくりと観察するためにこの方策を用いています。学校の昼食の列、街のリサイクルプログラム、アップルパイのできるまで、交通量の多い道路の交通パターン、ミュージックビデオのプロモーション、政治的な抗議デモの行進、アプリのデザインなどのシステムを調べるのにも使われています。教師がこの方策を生徒に使うときは、小グループに分けて一緒に作業させることが多いようです。かれらはお互いのアイデアをもとにして、大きな紙に自分の考えを図で描いていきます。生徒たちが経験したことや得たものは、私がホッチキスで経験したこととよく似ています（ただし、より深い経験であることの方が多いのです）。生徒たちは、ものやシステムには複数の部分があり、そのなかには隠れているものやすぐにはわからないものもあり、それらの部分がどのように組み合わされてひとつまたは複数の目的を果たし、より大きな全体を作り上げるのかを知ることで、各部分や相互作用の複雑さを理解するようになります。

部品、目的、複雑さの方策が、「エージェンシー・バイ・デザイン」プロジェクトに関わる教育者のあいだでとくに人気があるのは驚くことではありません。これらの教育者は「ものづくり教育者」を自認しており、手を動かす学習を専門としています。かれらのなかには、学校で工房や発明スタジオを運営している人もいれば、伝統的な大工仕事の講習から建築、ロボット工学、ソフトト回路のワークショップまで、何らかのものづくりの講座で教えている人も少なくありません。「部品、目的、複雑さ」の方策がかれらに好まれていることは注目に値します。というのも、学習方法としての丁寧な観察が受動的だと批判されることがあるからです。学校でゆっくり見ることに注目した第6章では、ジョン・デューイがこの批判を後押ししました。デューイは、精緻な観察に指導の重点を置きすぎると、若者には退屈で無意味なものに感じられるのではないかと懸念していました。自身の生活のなかでの行動の外側に立つこと、つまり主体的な演者ではなく傍観者であることをその方策は求めてしまうからです。しかし、「エージェンシー・バイ・デザイン」プロジェクトとそれに関連する研究では、まったく異なる主張がなされています。このプロジェクトの前提は、世界のデザインされた要素への感度を高めることが、ものづくり中心の学習の基盤となるということです。そう考えることで、生徒がデザイナーの役割や活動を具体的に思い描くことができ、デザインに対する当事者《エージェンシー》の感覚を育むことができるからです（プロジェクトのタイトルが「エージェンシー・バイ・デザイン」であるのはそのためです）。つまり、身の回りにあるものやシステムの部分や目的を理解することで、それらのものやシステムを再認識し、再設計し、再発明することができるようになるのです。

視点の複雑さ

ゆっくり見ることが明らかにする二つ目の複雑さは、視点の複雑さです。視点の複雑さとは、物事を見るための認識のレンズや立ち位置のことで、部分や相互作用の複雑さを観察することで自然と生まれてくるものです。再びホッチキスの例でいえば、その部品の多さ、とくにアームに刻まれた「ボスティッチ」という社名に気づくと、私は自然とデザインの視点で考えるようになりました。ボスティッチ社はホッチキスを発明したのだろうか。おそらくそうではないだろうが、このホッチキスのデザインは、事務用品としての過酷な使用に耐えうるよう、ボスティッチ社の誰かが慎重に考えたのではないだろうか。ぴったり収まったネジ、針の固定に完璧なサイズの溝、スムーズに動く蝶番といったこのホッチキスの精密な機構に気づくことで、組立工や機械工、事務職員など、このホッチキスの製造に関わって働いていた人びとの視点を考えることへと容易に導いてくれます。かれらはそれぞれ、このものとどのように関わっていたのだろうか。仕事以外ではどのような生活をしていたのだろう。擦り切れたカバーの継ぎ当てや剝げた黒の塗装など、長いあいだに使い込まれた痕跡に気づくと、ホッチキス自体の視点にも思いを馳せることができました。忙しかったころのホッチキスは、活気のあるオフィスで、毎日、何百枚もの報告書やメモを綴じていたのかもしれません（タイプライターやコピー機のガチャガチャという音まで聞こえてきそうです）。ヴァージニア・ウルフによる「壁のしみ」をめぐる思索を思い出しながら、このホッチキスを歴史の証人として想像してみました。時が経ち、使用者がデジタル時代のなかでスクリーン上で読むことに目が慣れてくると、このホッチキスは以前よりも使われなくなったのかもしれません。オフィスが閉鎖されたり、別の場所に移ったりして、そのホッチキスは倉庫や中古品店に送られ、やがて私の机の上にやってきたのかもしれません（正直なところ、私はこのホッチキスをかなり前から持っていることを覚えていますが、どこで手に入れたのか思い出せません。このことは、ものの入手方法を忘れること自体が、散らかしたものの山に対する冷めた視点であることも示唆しています）。

ホッチキスに対するこれらの視点は、空想上のものもあれば、そうでもないものもあります。しかし、これらはすべて、私たちと日常生活のなかにある物とを結びつけるつながりの網を思い起こさせるものです。これらのつながりは目に見えないことが多く、時には想像上のものでもあります。しかし、それらは私たちをお互いに、そして世界に結びつけるものでもあります。視点の複雑さを理解することは、世界の物事やシステムをより大きな文脈で見るための方法なのです。

視点の複雑さを探るのに、とくに実りの多い方法は、芸術作品を使うことです。第2章で、アメリカのアーティスト、ロメール・ベアデンのコラージュ作品『鳩（The Dove）』を簡単に紹介しました。私はこの作品が大好きで、教室の先生や美術館のエデュケーターが若い人たちと一緒にこの作品を鑑賞する場面を長年楽しんできました。いつも必ず、『鳩』をじっくりと見れば見るほど、生徒たちはこの作品を複雑にしているさまざまな視点を発見できます。このあとで、生徒たちの発言の例をいくつか紹介します。その前に、二八ページの作品をもう一度見てみましょう。まずは数分間、ゆっくりと作品を眺めてみてください。しばらくしてから、この作品はどんな視点にたち、どのような考え方が示されているか、あるいは埋め込まれているかを自問してみてください。

生徒たちが『鳩』を見てまず気づくのは、人物や建物、歩道や道路など、作品のなかで特定できるもののほとんどが、視点の異なるパーツで構成されていることです。人物の頭や手が体の他の部分と同じくらいの大きさで描かれていたり、窓やドアがさまざまな角度で入り組んでいたり、表面からは区別がつかないようにすべてが重ねられていたりします。生徒たちは、まず作中の人物の視点から作品のエネルギーを感じます。すれ違う人、歩く人、見る人、座る人など、街の風景の活気や慌ただしさを感じ取ります。やがて、左下の白いシルエットの猫、棚の上の鳩、歩道の黒猫といった動物たちに気づくのです。動物を発見したことで、生徒たちは動物の視点について考えるようになります。とくに、下を向いている鳩が気になるようです。鳩は何を見ているのだろうか。白猫は何を追いかけているのだろう。黒猫は誰が飼っているのだろう。しばしば生徒は、コラージュのなかの動物たちが現実的な視点で描かれていることを指摘します。絵のなかの人間とは違って、動物たちの体の一部は、多かれ少なかれ、実際と同じように見えます。これは、なぜ動物をこのように配置したのか、という作者の意図を問うことにつながります。また、この作品はコラージュであり、他から引用した既製の画像の要素が含まれているため、動物をそのように見せたのは完全に作者の意図なのか、それとも作者が切り取ったときにそのように見えたのか、という疑問を持つ生徒もいます（まさに、視点の複雑さを問う入り組んだ問題です）。

多くの場合、生徒たちは作品や作家についての予備知識を持っています。たとえば、先生から、この絵は美術館に所蔵されていて（ニューヨーク近代美術館所蔵）、タイトルは『鳩』と聞いていたかもしれません。かれらは、この作品の価値について疑問を持つことでしょう。どれくらいの価値があるのだろう。どうやって美術館に入ったのだろう。作家は生前、お金持ちで有名だったのだろうか。ロメール・ベアデンが一九二〇年代のハーレム・ルネサンスの時代にニューヨークで育ち、ジャズが好きだったことを知っている生徒もいるでしょう。このことを知っていても、また知らなくても、この作品が音楽に合わせて置かれたらどんな音がしてくるだろうかと考え、そこにジャズのようなシンコペーションのリズムを見出す生徒もいるでしょう。また、ベアデンがこのコラージュ作品を制作したのが一九六〇年代の公民権運動の時期であることを知っていて、鳩の意味を考えたりするかもしれません。ベアデンの作品は、作る前からイメージがあったのか、それとも作っているうちに生まれてきたものなのか……と、創作の過程を気にする生徒が非常に多いのです。また、生徒たちは、自分がこの場面をよく知っているということもよくあります。都会に住んでいる生徒は、「こんな感じの場所に行ったことがある」といいます。都市部以外に住んでいる生徒は、あまりなじみがないと感じ、そこに住むのはどんな気分だろうと考えます。有色人種のコミュニティや人種的に多様なコミュニティに住んでいる生徒は、作品に描かれている人びとの肌の色についてあまり言及しません。白人の多いコミュニティに住む白人の生徒は、作品に描かれている人びとが黒人であることに言及することがよくあります。ほとんどの生徒はタバコに気づきますが、一部の生徒はそれを過去の遺物と見なしています。

生徒たちは、『鳩』の視点の複雑さをどのように見極めているのでしょうか。まず、さまざまなレイヤーやアングルを持つコラージュの構造の物理的な複雑さや、視点の異なるパーツで構成された人びとにはすぐに気づきます。また、人物と動物の視点が対照的で、両者の描かれ方と、作中で果たしている役割それぞれに違いがあることにも気づきます。作者の意図や、その意図と作品の制作過程との関連性など、作者の視点の複雑さも感じているようです。さらに、作品の値段や美術館のステータスについて考えることで、価値や売買の対象としての作品の視点も探っています。そして最後に、描かれている時代や場所、人びとに親しみを持っているかどうかという関係を認識することで、自分自身の視点に気づくのです。

関わり合いの複雑さ

ゆっくり見ることで気づく三つ目の複雑さは、観察者としての生徒の自己認識に直結するものです。スローー・ルッキングのパラドックスとして、スロー・ルッキングでは自分と対象物のあいだに分離の感覚を伴うため、自分が見えるものの外にいるように想像しがちです。つまり、対象や観察している場面から、自分の視線を切り離して考えるということです。しかし、もちろんそうではありません。関わり合いの複雑さは、観察者としての私たち自身の経験を探ることに関係します。私たちが見ているものとの関係において、私たちは何者なのか。私たちの考えや経験が、見るものをどのように形作るのか。私たちの「見る」という行為を問い直すことで、世界について何を学ぶことができるのか。

前章で紹介した科学者アーサー・ウォージントンと水しぶきの物理学に関する研究の話のなかで、複雑な関わり方の顕著な例をすでに見てきました。ウォージントンは熱心で慎重な観察者でしたが、観察という行為に持ち込んだ思い込みを振り返って初めて、いかに自身の信念が自分が見たものを偏らせていたかを知ることができたのです。自然界の深遠な構造の対称性を強く信じていたため、肉眼で観察していた液体の飛沫の非対称性を軽視していたのです。しかし、写真を使うようになると、非対称性が例外ではなく法則であるという事実を、自分の信念が見えなくさせていたことに気がついたのです。ウォージントンは、水しぶきの物理的な性質についてだけでなく、見ることの複雑さについても学んだのです。

ウォージントンの水滴は中立的なものでした。つまり、結果的にそうなったとはいえ、彼に観察という行為について考えさせるために意図的に作られたものではありませんでした。一方で、観察の対象が、見るという行為についての考察を引き起こすように意図的にデザインされる場合もあります。作家はしばしばこのような挑発をめざしていますが、美術館・博物館の展示物もそうであることがあります。作家と美術館を結びつける力強い例として、アメリカの現代美術作家、フレッド・ウィルソン〔一九五四―〕の作品が挙げられます。ウィルソンは一九九二年にメリーランド歴史協会で行った画期的な展示「博物館を掘り起こす（Mining the Museum）」で、博物館の展示物の一部を再構築し、博物館の展示にまったく欠けていたメリーランド州の先住民とアフリカ系アメリカ人の歴史を前面に打ち出しました。ウィルソンは、展示物を再構成し、収蔵庫にあったコレクションを新たに持ち出すことで、博物館の視点を批判的に検証し、「掘り起こし（mining）」たのです。「メタルワーク」と名づけられたインスタレーションのひとつは、きらびやかな装飾が施された銀製の壺やゴブレット〔台と脚のついた杯〕が並べられ、中央には鉄製の奴隷の拘束具が置かれています。銀の器も拘束具も、作成時や素材などの基本的な情報を示す、中立的な印象を与える標準的な博物館のラベルが添えられています。

図8-2　フレッド・ウィルソン「1793-1880年のメタルワーク」インスタレーション、1992年。MTM010、メリーランド歴史協会提供

鑑賞者がこの展示物をじっくりと分析しようとした途端、穏やかな鑑賞体験は複雑なものになります。拘束具が視界に入ると、観察者は、銀器をたんに工芸品として、その製造の背景から切り離して見ることに、急に違和感を覚えるようになります。これらの銀製品

が作られたとき、他に何が起こっていたのだろうか。銀のゴブレットでワインを飲みつつ、奴隷を従えていたのはどんな社会だったのだろうか。もっと広くいえば、博物館の伝統的な展示にはどのような視点が反映されているのだろうか。誰の物語が語られていないのか。そして、博物館を訪れる私たちは、特定の物語や歴史を他のものよりも優遇することにどのように加担しているのだろうか。

ウィルソンの展示とウォージントンの発見はいずれも、目の前にあるものの見方が背景知識によって決められてしまう隠れた仕組みを明らかにすることで、関わり方の複雑さについて考えさせてくれます。もうひとつの関わりの複雑さは、自分自身を目に見える対象として意識するとき、つまり他者の目を通して自分を見るときに生じます。このことを深く考えた二〇世紀の理論家が、フランスの哲学者であり精神分析家のジャック・ラカンです。彼は、「まなざし（the gaze）」という概念を一般的なものにしました。ラカンは、もともと子どもの発達理論の一環として、幼い子どもが「鏡像段階」において、自分の外見が他者にまなざされることで鏡のように反射して自分に返ってくることを認識し、これが自我の発達における重要な瞬間となる、と提唱しました。のちにラカンはこの考えを拡張し、目に見える対象として自分を見ることで生じる不安な意識が、成人のアイデンティティを形成する継続的な力になると主張しました。ラカンの考えは現在でも影響力を持っています。ラカンが「まなざし」について書いてから数十年、この概念は、人間のアイデンティティの構築や人間関係の力学を探る方法として、学者たちに広く利用されてきました。それは、「まなざし」の力を持つ人や視点を通して、私たち自身を含む人間をどのように定義するかを理解するためのレンズを提供しているからです。

ラカンの見解を拡張した人物としてよく知られているのが、映画批評家のローラ・マルヴィです。一九七五年に発表され反響を呼んだエッセイ「視覚的快楽と物語映画」(4)で、マルヴィは、主流の映画が彼女のいう「男性のまなざし」と呼ばれるものにどれだけ支配されているかを探っています。彼女は、大半のハリウッド映画では、カメラが視聴者を異性愛者の男性の視点に立たせ、その視線が女性を欲望の対象として見ることで、女性を性的対象として枠にはめていると主張しています。男性であれ女性であれ、視聴者はしばしば、女性の身体の性的な曲線の上にカメラがとどまっているあいだ、ゆっくりと見るという経験に引き込まれます。このまなざしは、権力の非対称性を生み出します。男性のまなざしが場面を積極的に構成し、女性は見られる側の被写体となるのです。このように、映画における男性のまなざしは、男性と女性のアイデンティティを概念化するステレオタイプな方法を反映し、また定着させているのです。この現象は、もちろん映画、あるいは現代のメディアだけにあてはまるものではありません。美術批評家のジョン・バージャーは、一九七二年にテレビシリーズから書籍になった『イメージ——視覚とメディア（Ways of Seeing）』のなかで、ヨーロッパの油絵の歴史について同様の指摘をしています。「男は行動し、女は見られる」。さらに、「男は女を見る。女は、見られている自分自身を見る」と述べています。[5] バージャーは、ヨーロッパ絵画にしばしば登場するヌードというカテゴリーについて、女性はある種の二重のアイデンティティを持つものとして描かれていると論じています。「彼女のなかの観察者は男であった。そして被観察者は女であった」と彼は説明します。「彼女は自分自身を対象に転化させる。それも視覚の対象にである」[6]。

自分を定義しようとするまなざしを問うことは、関わり合いの複雑さを探究するもっとも有力な方法のひとつであり、けっして学者だけの専売特許ではありません。二〇一四年にミズーリ州ファーガソンで起きた、非武装の黒人青年マイケル・ブラウンが警察に射殺された事件を受けて、ツイッター〔現X〕で「#iftheygunnedmedown」というキャンペーンが行われたことが、近年の顕著な例として挙げられます。射殺された直後にメディアに掲載されたマイケル・ブラウンの画像は、彼が威嚇しているように見える写真でした。目線よりも低い位置から撮影された写真は、彼が大きく迫ってくるように見え、手のジェスチャーは実際はピースサインであったにもかかわらず、多くの人がギャングのサインだと認識しました。この画像はメディアで大きく取り上げられました。若々しく敵意を感じさせないようなブラウンの別の画像があったにもかかわらず、それよりも大きく報道されたのです。その直後から、若者たちは「#iftheygunnedmedown（もし私が銃殺されたら）」というハッシュタグをつけて、自分たちのペア写真をツイッター〔現X〕に投稿し、「どちらを選びますか」と粘り強く問いかけてきました。初期の投稿では、黒いTシャツを着て手でサインをしている青年の写真と、タキシードを着てサックスを持っている同じ青年の写真が対になっているものがありました。別の投稿では、黒い服を着てベッドに寝そべっている若者と、軍服を着て子どもたちに絵本を読んであげている同じ若者の写真が並べられています。これらのペアの画像を見ると、不気味なことに、その画像が強化しうるステレオタイプに従って私たちはいとも簡単に解釈をしてしまうということを思わずにはいられません。

ツイッターのキャンペーン「#iftheygunnedmedown」は、現在進行形の問題を受けて自然発生的に生まれたものです。このキャンペーンは教育プログラムとして明示的にデザインされたものではありませんが、教育プログラムは、関わり合いの複雑さへの理解を促すために意図的にデザインされることがあります。美術館と医科大学の連携という、まったく別の方面に興味深い例があります。これらのプログラムは、医療従事者が観察という行為に持ち込む憶測やステレオタイプを疑うこと、そして、同じデータ群であっても、人びとが芸術作品や患者について考える解釈の物語がいかに異なるかに気づくことを目的としています。この成果は、ツイッター上の「#iftheygunnedmedown」の活動家たちが高く評価することでしょう。

ニューヨーク近代美術館で開催されたフォーラム「診察のアート（The Art of Examination）」では、「エトルリアの石棺、アメリカの画家ジョン・シングルトン・コプリーによる肖像画、フランツ・クラインの抽象画を見ることで、医学生が患者を見る目が変わるだろうか」という刺激的な問いが投げかけられました。[7] その答えは明確に「イエス」だったようです。このフォーラムは、健康や幸福についてより人間らしい理解を促すことで、医師の臨床研修を向上させようという動きの一環として行われました。この動きは急速に広がり、全米の六〇以上の医科大学と美術館から講師陣が参加して、意見を交換し将来の計画を立てました。

美術館と医科大学の連携プログラムは、この章で取り上げた三つの複雑さを理解するための教育プログラムの好例として、もう少し詳しく見てみる価値がありそうです。初期のプログラムでは、私が「部分と相互作用の複雑さ」と呼んでいるものに焦点が当てられていました。たとえば、一九九九年、この分野の先駆者であるイェール大学医学部皮膚科学教授のアーウィン・ブラヴァーマンとイェール英国美術センター教育担当シニア・キュレーターのリンダ・フリードレンダーは、学生の臨床観察力を高めるためのプログラムを開発しました。(8) 当初のアイデアは、学生に美術品を使った視覚的な分析の練習を経験させることで、絵画や皮膚疾患の視覚的な診断において細かい部分を見分け、説明する能力を高めようというものでした。このプログラムは成功し、他のプログラムにも影響を与えました。たとえば、ニューヨークのフリック・コレクションで行われた「見ることを学ぶ（Learning to Look）」というプログラムは、医療従事者が肖像画をよく観察し、同じスキルを患者の顔写真を見ることに応用するというものでした。

同様のプログラムが各地で開催されるようになると、その活動は拡大していきました。ゆっくりと見ることやグループで話し合うことへの注目はそのままに、スケッチや書くこと、運動、瞑想などの活動が加わっていきました。教育関係者は、これらのプログラムがたんに医学生に視覚分析の技術を教えるだけのものではないことにすぐに気づきました。たとえば、参加者同士が作品について話し合うなかで、死やプライバシー、医療における人の触れ合いの役割などの難しいテーマについて、医療チームのメンバーがそれぞれ異なる視点を持っていることに気づき、視点の複雑さを理解するようになりました。人間の苦しみを主題にした芸術作品をじっくり見ることで、苦しむ人への思いやりが深まりました。また、作品から物語を読み取る力がついてくると、自身の患者の言葉にも耳を傾けるようになりました。さらに、これらのプログラムは、見るという行為に参加者が持ち込んでいる偏見や先入観を明らかにしたり、ウィルソンのインスタレーションのように、観察の中立性に関する暗黙の理解を壊し、乱すような作品に触れさせたりすることで、参加者自身の視覚的関わりの複雑さを探ることを促していました。イェール大学での先駆的なプログラムから一七年後、ニューヨーク近代美術館で開催された最近のフォーラムの報告書では、このような成果の広がりを認めています。「多くのプログラムが、共感的なコミュニケーション、思いやり、文化的な違い、文化的な偏見、創造性などに関心を広げている」と報告書は述べています。これらのプログラムは、「医学生がチームワークを発揮し、観察力とコミュニケーション能力を強化し、曖昧さや情報の多様な解釈への寛容さを身につけるのに役立つ。その結果、これらのスキルは、かれらの臨床実践の向上に有益である」とも述べています。[9]

美術館と医科大学の連携は、ゆっくり見ることで複雑さへの理解を深めることができるという点で、とくに優れています。しかし、このような学習が行われる場所は、けっして美術館だけではありません。本書に掲載されているほぼすべてのストーリーは、美術館・博物館や研究室、幼稚園児や高校生、芸術家や作家、発明家や学者の仕事を通して、あらゆる種類の環境で、あらゆる種類の学習者に、どのようにしてこのような学習が起こりうるかを示すものです。

本章の冒頭で、私は二つの質問を投げかけました。ひとつ目は、「複雑さを見分けることは、一種の知識と見なすことができるのか」というもの。この章で紹介した例から、それが知識であると納得していただけたなら幸いです。二つ目の質問は、「複雑さを見極めることは、とくに学齢期の若者にとって価値のある知識の一形態であるかどうか」というものです。この質問は、ことに教育者にとって直接関係するものです。ゆっくり見ることには時間がかかり、ゆっくり見る経験をカリキュラムに組み込むには、他のものを省く選択をしなければなりません。価値を問うひとつの方法として、私の同僚のデヴィッド・パーキンスが著書『未来への智恵（Future Wise）』[10]でこう問いました。「生徒が学ぶべき、人生において価値あるものとは何か」

「生徒が望むこれからの人生のなかで、何が役立つだろうか」。私たちの目的に合わせて翻訳するならば、「本章で取り上げた複雑さを理解することを学ぶことは、学習者がこれから歩んでいく人生に役立つだろうか」という問いになるでしょう。私は、そうなると信じています。部分や相互作用の複雑さを理解することで、学習者は世界がブラックボックスではないことを理解できるようになります。ものやシステムの構造的な複雑さを解明する方法を学ぶことで、探究やひらめき、発明への意欲がわいてきます。視点の複雑さを理解することで、学習者はさまざまな視点から世界を見ることができるようになります。一方で、他人の経験のなかに真の意味で入り込むことはできないという事実にも敏感になることができます。関わり合いの複雑さを理解することは、ある種の重要な謙虚さを教えてくれます。それは、世界を認識するさいに自分の主観が果たす役割を理解し、他者の視点の全体を尊重することにも役立ちます。

注

（１）Woolf, V. (1921). The mark on the wall. In *Monday or Tuesday*. New York: Harcourt, Brace and Company, Inc. Retrieved from http://digital.library.upenn.edu/women/woolf/monday/monday.html#08 川本静子訳『ヴァージニア・ウルフコレクション　壁のしみ　短編集』みすず書房、一九九九年、一四―一五ページ、一六―一七ページ

（２）Perkins, D. (1986). *Knowledge as Design*. New York: Lawrence Erlbaum Associates, Inc.

（３）エージェンシー・バイ・デザインは、ハーバード大学教育学大学院のプロジェクト・ゼロにおける研究構想であり、制作者中心の学習の約束、実践、および教育法を調査することを目的としている。〔http://www.pz.harvard.edu/projects/agency-by-design〕

（４）Mulvey, L. (Autumn 1975). Visual pleasure and narrative cinema. *Screen: Oxford Journals 16*(3), 6–18. 斉藤綾子訳「視覚的快楽と物語映画」、岩本憲児・武田潔・斉藤綾子編『「新」映画理論集成１　歴史／人種／ジェンダー』フィルムアート社、一九九八年

（５）Berger, J. (1973). *Ways of Seeing*. London: BBC Penguin Books, p. 47. 伊藤俊治訳『イメージ――視覚とメディア』筑

摩書房、二〇一三年、六九ページ

（6）Ibid., p. 47. 同右、六九―七〇ページ

（7）Pitman, B. (2016). The art of examination: Art museum and medical school partnerships. *Forum Report*. MoMA, and The Edith O'Donnell Institute of Art History: The University of Texas at Dallas, p. 11.

（8）Dolev, J. C., Friedlaender, L. K., & Braverman, I. (2001). Use of fine art to enhance visual diagnostic skills. *Journal of the American Medical Association 286*(9), 1020–1021. Retrieved from https://www.researchgate.net/publication/11789211_Use_of_ fine_art_to_enhance_visual_diagnostic_skills.

（9）Pitman, B. (2016). The art of examination: Art museum and medical school partnerships, p. 6.

（10）Perkins, D. N. (2014). *Future wise: Educating our Children for a Changing World*. San Francisco: Jossey Bass.

第9章 おわりに ――スローから考える

ゆっくり見ることは、世界についての知識を得るための重要かつユニークな方法です。なぜなら、パッと見ただけでは把握しきれない複雑さを明らかにするのに役立つからです。また、批判的思考や創造性と認知的性質を共有する部分は多くありつつも、異なる重心をもった思考パターンを伴うため、ユニークな方法といえます。年齢を問わず、誰でもゆっくりと世界を観察することを学ぶことができ、そこから得られる知識や喜びは計り知れません。しかし、ゆっくり見ることを実践するには、とくに優先順位が高くないような状況下では後押しが必要です。この章では、ゆっくり見ることをサポートする環境づくりのための三つのガイドラインを紹介します。

見る時間を与える

ゆっくり見る力を養うのにもっとも効果的な方法は、実現のための時間を確保することです。もちろん、これは言うは易く行うは難し、ですが、その可能性のある機会として科学のような教科の教育が挙げられます。科学では、慎重で体系的な観察が学問の実践の一部となっています。しかし、高学年の生徒にとっては、じっくりと観察する経験は科学教育の一部かもしれませんが、低学年の生徒は、驚くほどこうした経験に乏しいのです。たとえば、児童期の科学教育に関するある研究によると、観察活動は児童の授業での実践のわずか五パーセントにすぎず、しかもその活動は、生徒は傍観するだけで教師が観察を行うことが主体となっています[1]。この結果は極端かもしれませんが、ゆっくり見ることがふさわしい状況であっても、それが育たないことが多いという事実を明確に示しています。もうひとつの例は、博物館、とくに大規模な総合的な博物館で、興味深いものを自分で見ることに価値があるという前提があるにもかかわらず、ゆっくり見るよりも速く見ることを奨励するように設計されていることが少なくありません。この二つの例の背景には、ゆっくり見ることは専門家による実践の一部、つまり熟達した科学者や洗練された美術愛好家が行うことであって、初心者が効果的に実践できることではない、という暗黙の考えのようなものがあるのです。本書を通じて、このようなスタンスに対して説得力のある反論をしてきたつもりです。ゆっくり見ることは、自分で確かめるという人間の自然な衝動を増幅させるものであり、初心者であれ専門家であれ、じっくりと観察することでもたらされる学びは、時間をかけるだけの価値があるものなのです。

デヴィッド・パーキンスは、その著書『インテリジェント・アイ（The Intelligent Eye）』のなかで、芸術の鑑賞によって思考を学ぶことについて書いています。そして、深く見ることと深く考えることの両方を支える一連の心の習慣を提唱しています。その第一は、時間をかけることです。彼は、「継続と忍耐がもっとも大切な要素である」、「他の方法でするよりも多くのものを見よう、と粘り強く取り組むこと」と述べています(2)。パーキンスは、経験的知性と反省的知性を区別し、よく見ることにはその両方が必要であると主張しています。経験的知性は素早い認知のなかに含まれていて、知覚と過去の経験を結びつけて考えることで、見たものをすぐ理解するのに役立ちます。たとえば、子どもが岩の上にいるカタツムリを見つけたとすると、カタツムリと岩の両方を過去に見たことがあるため、すぐにその印象をまとめることができるのです。一方、反省的知性は、パーキンスによって「知的な行動に対して、注意深い自己管理と、知的資源の戦略的展開によって貢献すること」と説明されています。ゆっくり見ることは、パッと見ることや第一印象を意図的に超えて、しばしば意識的な持続的努力を伴うので、反省的知性が求められるのです。岩の上にいるカタツムリに興味を持った先ほどの子どもが、もっとよく見ようと身を乗り出したとします。岩の上をゆっくりと進む様子を観察したり、体のさまざまな部分に注目したり、これまで観察した他の地を這う生きものの動きと比べてみたりして、体系的に観察してみようと考えるかもしれません。

しかし、時間をかけるということは、たんに内面的な精神鍛錬の問題ではありません。注意の流れの速さや質は、私たちが置かれているさまざまな環境から影響を受けています。たとえば、博物館では、展示室のデザイン、作品の設置場所、椅子やベンチの位置、解説文の書き方などに影響されます。教室では、見る時間を与えるかどうかの決定権は、しばしば教師にあります。教師は、カリキュラムにゆっくりと見る時間をどのように組み込むかを決めなければなりません。このような判断は難しいものです。生徒にゆっくり見る時間を与えるということは、通常、他の時間を犠牲にすることになるからです。この教室のジレンマに簡単な解決策はありませんが、パズルの重要なピースのひとつは、教育者がゆっくり見ることの学習効果を認識し、明確にし、主張できるようになることです。前章では、ゆっくり見ることの重要な学習効果として、複雑さを見分けることを挙げ、この課題に取り組むことを目的としました。複雑さを見分けることは、視線を長く注いだ自然な結果として生じることもあります。しかし、これには方策としての側面もあり、それが次の原則へとつながっていきます。

見ることをサポートする方策、構造、ツールを用いる

視覚的な第一印象は、非常に満足度が高くなることが多いものです。見て、そして理解して、かみくだいて次に進みます。しかし、目が第一印象を欲しているのは事実ですが、私たちが継続的な刺激を欲しているのも事実です。第一印象で止まってしまいがちな傾向を打ち消すには、必ずしも多大な努力が必要なわけではありません。パッと見ることを超えるための簡単な橋渡しが求められることもあります。この橋渡しになるのが、これまでの章で見てきたような幅広い観察の方策です。たとえば、インベントリーを作る、カテゴリーを使って視線を誘導する、尺度（スケール）と視野（スコープ）を調整する、並置する、などです。この橋渡しは、説明文や観察画などなじみ深い活動で構成することができ、長時間の観察のための仕組みを提供します。多くの場合、橋渡しは単純で、期待していることを伝えたり、再調整したりすることで作り出されます。美術館のエデュケーターによく知られている方法のひとつは、「他に何か見えますか」と鑑賞者に単純に尋ねることです。この問いを投げかけるだけで、エデュケーターは一目見ただけではわからない、その先への期待を伝えることができるのです。同様に、もうひとつの教育の技法は、見るための時間を長くすることをはっきりと求めるような教育経験を構成することです。この極端な例については、これまでの章でも触れました。ジェニファー・ロバーツ〔美術史家〕は、大学生に美術館で三時間かけて一枚の絵を見るという授業を行い、科学者のルイ・アガシーは、大学院生が自分の研究室に入る前に、魚の骨格を何日もかけて

見ることを求めました。しかし、そこまで極端でない教育設計も効果的です。私は、教育者が若い学生に画像や物体を示しながら、「二〇秒かけてよく観察してから、見たものについて話してください」と指示するのをよく目にしてきました。このわずかな時間を割くだけでも、目の動きを落ち着かせるには驚くほど効果的なのです。

この他にも、ゆっくり見ることをサポートする物理的な工夫や道具を利用する、という方法もあります。たとえば、スケッチブックやノートを手元に置く、手で作った枠から覗く、近くを見るために屈む、広い景色を見るために後ろに立つ、双眼鏡、拡大鏡、顕微鏡、望遠鏡を使う、といったことです。これらの道具や工夫はすべて、一目見ただけではわからない技術を提供することで、私たちの期待を叶えてくれるのです。

スロー・ルッキングの気質的側面を養う

ゆっくり見ることとは、学習的な行動です。先ほど説明したような方策やサポートによって推進されますが、他にもあります。この「他」について考えるひとつの方法は、気質の観点です。日常的にゆっくり見ることを実践している人は、技法だけでなく、態度の面でも学習に対してある種の志向性を持っています。別のい方をすれば、ゆっくり見ることは気質的な傾向をもっています。だからといって、ゆっくり見ることを実践している人の性格が皆同じとは限りません。二人が同じようにじっくり観察をしても、まったく異なるスロー・ルッキングの実践になるのです。段階的かつ系統的な人もいれば、没入的かつ全体的なアプローチを取る人もいるかもしれません。自然界に興味がある人もいれば、芸術や建築を見るのが好きな人もいるでしょう。しかし、これらの性格タイプはすべて、ゆっくりと時間をかけてじっくりと観察するという、大まかな気質的傾向を共有しているといえるでしょう。教育の観点からこれは重要です。なぜなら、ゆっくり見ることを気質の問題として捉えることは、それをどのように育むかという問いに示唆を与えることにつながるからです。

以前、同僚たちと私は、「思考の傾向（thinking dispositions）」という考え方に関心を持っていました。これは、注意深い推論、思慮深い意思決定、知的開放性などの知的行動パターンのことを指します。当時（一九九〇年代半ば）、教育界では批判的思考の技法を教える重要性が盛んに叫ばれ、そのための教育プログラムも数多く開発されました。しかし、これらのプログラムは、概して分野の壁を超えることができませんでした。たとえば、科学の授業で根拠を用いて推論する方法を学んだ生徒が、歴史の授業で根拠について適切に比較検討できなかったり、学校外で起きる問題に根拠にもとづく推論の技法を適用できなかったりすることがあります。同僚と私は、広く適用できる批判的な思考の習慣を身につけるには、何が必要なのかを考えました。最終的に私たちは、説明の枠組みという形でその答えを提案しました。当時、私たちはおもに批判的思考に関連する気質を対象としていましたが、この枠組みは、ゆっくり見ることを含め、ほぼあらゆる種類の幅広い気質的傾向に適用されます。この枠組みは、気質的行動には相互に関連する三つの要素があり、文脈を超えて気質的傾向が定着するためには、その三つのすべてが必要だとしています。

第一の構成要素は「能力」です。これは、何らかの知的行動をするには、そのための基本的な能力が不可欠であるという当たり前の事実を指しています。ゆっくり見るという観点では、これは見えるものの詳細を識別する能力のことを意味し、そこには特徴についてのリストを作ったり、カテゴリーを使ってさまざまな種類の特徴を識別したりするような、幅広い観察方策を用いる能力も含まれるでしょう。このような基本的な能力を持っていることは、専門家であるべきだという意味ではなく、基本的な行動を実践できることを意味するのです。

気質的行動の第二の構成要素は「意欲」です。これは行動の動機づけの次元を指し、気質的な行動が起こるためには、何らかの衝動を感じる必要があることを指摘しています。言い換えれば、何かをする「能力」があるだけでなく、それをしたいと思うことも必要なのです。当たり前のことですが、実際、人は能力を持っていても、それをふだんから使う気にはならないことがよくあります。個人的な例になりますが、私には自分のコンピュータのファイルを整理しておく基本的な能力があります。しかし悲しいことに、整理する気が起きないこともありますし、きちんと整理整頓せよと私の性格に文句をつける知人もほとんどいません。

第三の求められる気質的要素は、「感受性」と呼ばれるものです。この要素は、他の二つの要素ほど明確ではありません。この要素は、特定の気質に関連したスキルや傾向を持つことに加えて、その行動を実行することがふさわしい場面に気づく、つまり敏感でなければならないという事実を指し示しています。私のコンピュータのファイルの例で話を続けましょう。先ほど述べたように、私には整理整頓ができる基本的な能力があります。あまりやる気が起きないことが多いのですが、とくに重要な書類が見つからないいらだちを覚えたとき、やる気がわいてくることがあります。ただし問題は、忙しくパソコンに向かっていると、小さな整理整頓が本当に役立つ瞬間に気づけないことです。これはゆっくり見ることにどのように結びつくのでしょうか。第3章で紹介した「アウト・オブ・エデン・ラーン」の生徒たちのことを思い出してみてください。かれらは近所をゆっくり散歩し、新鮮な目で日常を見ることに熱心に取り組んでいました。生徒たちのコメントや写真からは、かれらがゆっくり見ることについて、ある程度の基礎能力を持ち、意欲的に取り組んでいることがよくわかります。しかし、かれらが新たに見出した熱意が新しい文脈に広がり、たとえば博物館や科学の授業、学校からの帰り道など、そうするように明確に指示するカリキュラムがないような状況でもゆっくり見ることに取り組むようになるかどうかまではわかりません。

能力、意欲、感受性というこれら三つの要素が組み合わさることによって、気質的な行動が決まるという考え方は、理論的には聞こえはよいのですが、私たちがこの枠組みを提案した一九九〇年代半ばには、それはひとつの小さな理論にすぎませんでした。そこで、私たちはそれを実際に試してみることにしました。中学生を対象とした一連の作文活動を考案し、生徒の知的行動においてこの三つの要素が実際に存在するか、そして分離可能であるかどうかを確かめることにしたのです。結果的に、それらはすべて確認することができました[3]。たとえば、この三つの要素がすべて豊かに備わっている生徒は、たとえ問題の考え方が明確に示唆されていなくても、適切な状況であれば、批判的に思考することができました。また、特定の方法で考える意欲はあっても、その機会を認識できていない生徒もいました（私と、私のコンピュータのファイルのように）。思考のスキルはあるものの、それを使う動機がない生徒もいました。このようにさまざまな組み合わせが見られました。三つの要素それぞれが生徒の知的行動にどのように寄与しているかがわかると、私たちは自然ともっともよく見られる不足した点を明らかにしたいと思うようになりました。能力、意欲、感受性、どれが生徒たちに一番足りないのでしょうか（私たちは、意欲ではないかと仮に予想していました）。その結果、意外なことが判明しました。

生徒にある種の思考傾向が欠けている場合、その多くは適切な思考力がないわけでもなく、意欲がないわけでもなく、その場に対する感受性が足りないことがわかったのです。つまり、批判的思考や創造的思考ができないのは、それが必要とされる状況に気づかないからなのです。これは奇妙に聞こえるかもしれませんが、よく考えてみるとそうではありません。というのも、とくに学校教育の場では、フォーマルな教育が感受性の代用品として機能することが多いからです。ある種の思考、たとえば慎重な推論やゆっくり見ることなどを教えるために作られた授業は、それがカリキュラムに存在するだけで、どのような思考が求められているのかを生徒に教えてしまっているのです。生徒は、その機会がすでに認識されているため、機会に対する感受性を養う必要はありません。

このような気質的な行動の分析は、ゆっくり見ることとどのような関係があるのでしょうか。この分析からわかるのは、ゆっくり見ることをたんなるスキルの活用としてではなく、個性の永続的な表現として育てていくためには、気質の三要素すべてに注目することが重要だということです。能力を伸ばすには、前節で説明した種類の方策、つまり、より多く見たり、注意を集中したり、新しい方法で見たりするための方策や仕組みを使うことを学ぶことが必要です。ゆっくり見る意欲を身につけるには、自分の目で確かめようとする人間の自然な衝動にアクセスし、「見る時間を与える」ことでその衝動を拡張し、発見という本質的な喜びが展開される機会を作ることが重要です。また、ゆっくり見ることをサポートし、評価してくれるような環境を見つけること、あるいは作り出すことも必要です。このことは、三つ目の要素である感受性につながります。ゆっくり見ることに取り組む機会への意識を、学問分野や個別の文脈を超えて注意深く持ち続けること。このことは、構造化された環境である学校においてはとくに、大きな挑戦となります。学校では、生徒はいつ何をすべきかを指示され、それが感受性のある種の代用品として機能してしまうからです。魔法のレシピはありませんが、教育デザインの観点からいえば、その答えは、一回限りの経験や授業ではなく、ゆっくりと見ることを文化的な環境のなかに広く永続的に取り入れることにあります。

　教育者のロン・リッチハートらは、生徒の考える気質の発達を形成する教室内の文化的な力について書いています[4]。それは教室での日々の生活のなかに存在し、思考がモデル化され、評価され、目に見える形で意義づけられることにより力を発揮するのです。たとえば、あなたが教師で、生徒にゆっくり見る傾向を身につけて欲しいのであれば、あなた自身がゆっくり見ることをモデル化し、示すことで、生徒に実例を見せる必要があるでしょう。また、カリキュラムのなかで、ゆっくり見るための時間を作り、それを目立つようにしておく必要もあります。そして、生徒の努力を評価し、その成功が際立つような有益なフィードバックを提供することです。ゆっくり見るプロセスやそのための道具を教室内でいつも見えるようにしておくことも有効でしょう。たとえば、生徒の観察結果を書き留め、それを目に見えるようにしておく。また、観察可能なものを魅力的に見えるように教室に展示し、座り心地のよい椅子や拡大鏡など、観察したい生徒がしばらくそこに居たくなるような環境を整えるのもよいでしょう。

また、観察が社会的なものになるような機会を頻繁に設けることもよいでしょう。私たちは一人ひとり違う目をもっているので、じっくり観察することはそもそも個人的な活動であると考えがちです。しかし、それは社会的なものとしても力を持ちうるのです。第5章で紹介したナショナル・ギャラリーでのショーの記念碑について議論していた学校のグループを思い出してください。その彫刻について話しているうちに、ある生徒の観察が他の生徒の新しい見方を呼び起こし、それがまた他の生徒の見方を呼び起こすという具合に、グループ内で意見が交わされていました。その結果、一人ひとりが黙って個別に見ているよりも、集団で見た方が、はるかに豊かで充実した観察になったのです。このことは、前章で紹介した、大人の医療従事者が博物館での鑑賞体験を共有したときにも同じことがいえます。

見ることと考えること

私は、職業人生の大半を教育研究者として過ごしてきました。私の研究は、批判的、反省的、創造的思考に関わる認知プロセスとして大まかに説明できる、「高度な思考」と呼ばれるものに焦点を当てています。私は、学習者が自分で考え、自分の考えを構築することに積極的に関与する、能動的で手と心を動かす学習アプローチを重視しています。このような背景から、私がゆっくり見ることに興味を持つのは奇妙に思えるかもしれません。というのも、スロー・ルッキングは、積極的な解釈の形成や問題解決よりも、観察結果を収集することに主眼が置かれているため、少なくとも外からは受動的に見えることが少なくないからです。

本書では、私がスロー・ルッキングを能動的な思考形態として語っているように見える箇所がたくさんあります。しかし、それは本当にそうなのでしょうか。実際、それはそもそも思考といえるのでしょうか。

スロー・ルッキングが思考の一形態であるかどうかという問いには、低いハードルと高いハードルの答えがあります。低いハードルの場合、思考を意識的な精神活動であると定義します。この定義に従えば、私たちが何かを見るときに観察することを意識している限り、ゆっくり見ることは容易にその資格を得ることになります。高いハードルの場合、思考とは能動的な何らかの関わりの経験のことであり、そこでは心は、流れ込んでくる精神的刺激とともに、あるいは刺激に対して「反応」すると説明されます。たとえば、調べる、分析する、解釈する、考える、不思議に思う、思い描く、探る、見極めるといった反応などです。教育者が生徒に考えることを教えるとき、通常このような考え方を念頭に置いています。私は、ほとんどの場合、ゆっくり見ることはこの高いハードルをクリアしていると考えています。

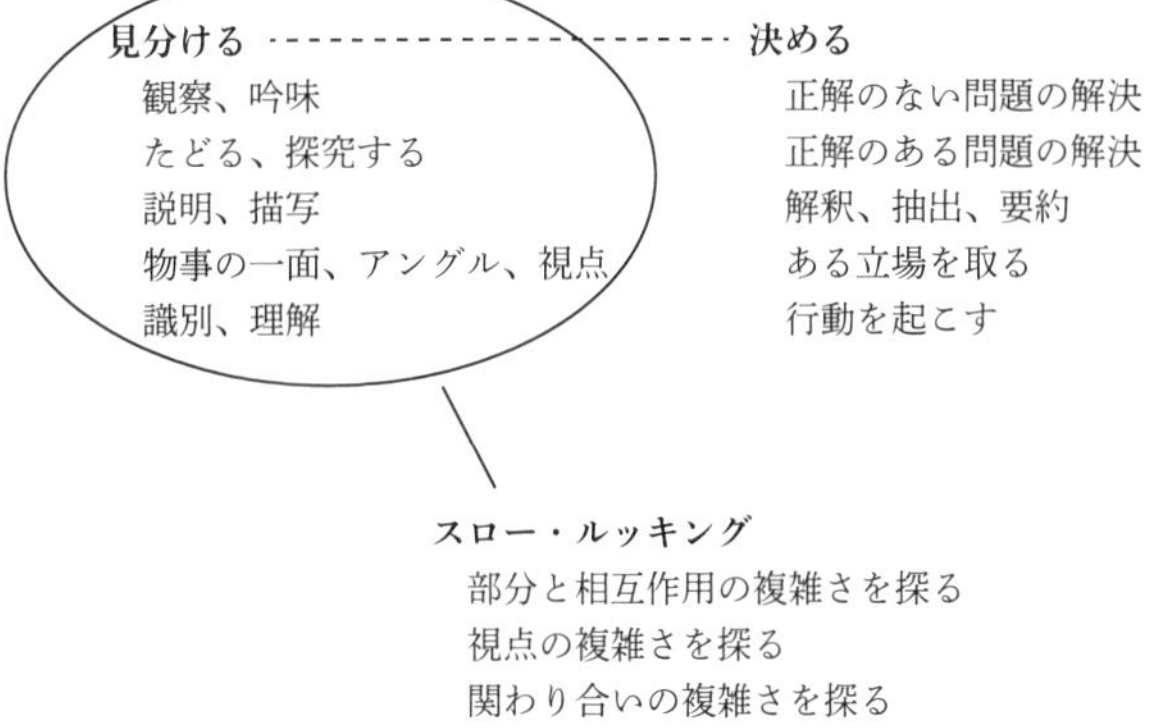

図9-1　思考を中心とした学習成果の連続体

高度な思考活動の連続体を想像してみてください。その一端が「決める」こと、もう一端が「見分ける」ことだとします（図9-1）。

この連続体の「決める」の側に属する活動は、物事の意味や正しさ、何をすべきかを考え出すことに関係します。これらの活動には、批判的思考に典型的に関連する認知行動、すなわち、証拠を比較検討する、解釈を形成する、議論を構成する、意見を展開する、問題を解決する、熟慮の上で行動を取る、などが含まれます。一方、「見分ける」の側に集まる行動は、本書全体でこれまで説明してきたものです。説明や描写をする、長時間観察する、部分や関係に気づく、さまざまな視点から見る、新鮮な目で見るなどが含まれます。教育界では、高度な思考について議論する場合、そのほとんどが「決める」側に傾きがちです。「何を信じるか、何を行うかを決めることに焦点を当てた、合理的で反省的な思考」[5]と標準的に定義される批判的思考か、または、しばしば革新的な方法で問題を解決するために、わかりきったことを超えて見ることに関わりがある創造的思考のどちらかに焦点を合わせています。スロー・ルッキングは、批判的思考と創造的思考の両方において非常に有用な役割を果たしますが、このどちらかに分類してしまうと、そのユニークなプロセスや目標を正当に評価できません。スロー・ルッキングは、その成果は確かによい判断をもたらしますが、けっして判断に第一の重点を置いているわけではありません。むしろ、スロー・ルッキングは、現時点での物事の複雑さを理解することを優先し、判断を先延ばしにすることに重点を置いているのです。また、スロー・ルッキングは課題解決志向でもありません。ただ、判断することと同様に、スロー・ルッキングの成果が課題解決に貢献する可能性は確かにあります。むしろ、変化や改善を重視するかわりに、現状を「何であるか」としてありのままに記述し、描写することに重きを置いているのです。

もちろん、批判的思考、創造的思考、スロー・ルッキングの三つは、まったく別の認知活動領域というわけではなく、互いに依存し合い、実践においては混ざり合うことも少なくありません。さらに、それぞれに関連する認知能力のリストも相互に排他的なものではありません。たとえば、異なる視点から物事を見ることは、三つの思考様式のすべてにおいて重要です。つまり、視覚的な手がかりを分類し分析することは、物事の仕組みについて証拠にもとづき説明することと同様に、三つの領域すべてにおいて重要だといえます。しかし、三つの領域にはそれぞれ異なる重心があります。これらの重心がどのように異なるかを理解し、スロー・ルッキングの実践が、思考を中心とした学習成果の連続体の「見分ける」側にどのように引き寄せられるかを理解するのは有用です。このような理解は、ゆっくり見る経験のデザインに役立つだけでなく、教育者がゆっくり見ることの価値を他者（生徒、保護者、学校管理者、その他生徒の学習に関係するすべての人など）に説明し、その根拠を示すのに役立ちます。

本書を通じて、ゆっくり見ることには、速いペースの世界でたんに速度を落とすだけでなく、それ以上のよさがあることを納得していただけたなら幸いです。ゆっくり見ることは、重要な学習の方法です。科学、芸術、そして日常生活においてその役割を果たし、専門家、初心者、若者、大人など、ほとんどすべての人が実りある実践をすることができるのです。そして何より、スロー・ルッキングの価値は、自分自身のためにそれを行うことにあります。外部からの情報や又聞きからは、それに代わる洞察や喜びは得られません。

私の知る教育者の多くは、就学前の子どもから大学院生まで、かれらの生徒が自分を取り巻く世界を理解し、そのなかで知性と思いやりをもって生きていけるようになることに心を砕いています。練習としても、ゆっくり見ることは多くのものをもたらしてくれます。ものやシステム、関係の複雑さを明らかにするのに役立ちます。また、多様な視点を想像し、探究しながら、同時に自分自身の主観を探ることができるのです。そして、複雑なものを必ずしも分解することなく、見分け、理解することができるのです。スロー・ルッキングの価値は、こう要約できます——見れば見るほど見えてくる。

注

（1）Kallery, M. & Psillos, D. (2002). What happens in the early years science classroom? The reality of teachers' curriculum implementation activities. *European Early Childhood Education Research Journal, 10*(2), 49–61.

（2）Perkins, D. N. (1994). *The Intelligent Eye*. Santa Monica, CA: The Getty Center for Education in the Arts, p. 36.

（3）Perkins, D., Tishman, S., Ritchhart, R., Donis, K., & Andrade, A. (2000). Intelligence in the wild: A dispositional view of intellectual traits. *Educational Psychology Review, 12*(3), 269–293. より実践的な議論については以下を参照。 Tishman, S.

(2001). Added value: A dispositional perspective on thinking. In Costa, A. (Ed.), *Developing Minds: A Resource Book for Teaching Thinking*. Association for Supervision and Curriculum Development (ASCD), revised edition, vol. 3, 72–75.

(4) Ritchhart, R. (2015). *Creating Cultures of Thinking: The 8 Forces We Must Master to Truely Transform Our Schools*. San Francisco: Jossey-Bass; and Tishman, S., Perkins, D., & Jay, E. (1995). *The Thinking Classroom: The Teaching and Learning in a Culture of Thinking*. Needham, MA: Allyn & Bacon.

(5) Norris, S. P., & Ennis, R. H. (1989). *Evaluating Critical Thinking*. Pacific Grove, CA: Critical Thinking Press, p. 3.

訳者解説

北垣憲仁・新藤浩伸

本書について

不思議な本である。見る、というシンプルなテーマを扱い、驚くほどの理論と歴史の奥行きを持ちながらも、その平明な語り口と実践的な明快さは最後まで一貫している。訳文を「である」調ではなく「ですます」調にしたのも、読者に語りかける著者の姿勢を活かしたかったからである。

訳者の北垣と新藤は、動物学と教育学それぞれの立場から、そして博物館学という共通の関心から、「みる」という行為に注目している。その共通の関心から情報交換を進めるなかで、北垣が出会ったのが本書だった。

北垣の専門は動物学で、大学のある山梨県都留市で、ムササビなど身近な野生動物を長期間にわたり観察し続けている。一方、新藤の専門は教育学である。動物をみる動物学と人間をみる教育学の対話を続けるなかで出会った本書は、私たちに豊かなメッセージを投げかけてきてくれた。それを多くの人と共有したいという願いから、本書の翻訳刊行は着想された。

コロナ禍の時期に北垣が作成した訳をもとに、新藤が確認し、その訳稿を改めて二人で検討する形で翻訳作業を進めていった。また、訳文作成の過程で著者のシャリー・ティシュマン氏に問い合わせも行った。ティシュマン氏は邦訳を大変喜んでくれていて、訳者の問い合わせにいつも即座に、そして丁寧に答えてくれたことも書き添えておきたい。

著者のシャリー・ティシュマン氏は、ハーバード大学教育学大学院の講師、同大学「プロジェクト・ゼロ」の主任研究員であり、以前はディレクターを務めていた。ティシュマン氏の関心は、思考力の開発と指導、学習における観察の役割、芸術を通じた学習などにある。近年では、学習者が現代美術の経験を通じて市民的な主体性を育むことを探究するプロジェクト「アーツ・アズ・シビック・コモンズ」を監修している。本書にも登場するデジタル文化交流プログラムである「アウト・オブ・エデン・ラーン」の共同監修者も務めており、これまでに六〇カ国以上から、三歳から一八歳までの三万人以上の生徒が参加している（現在は「オープン・キャノピー」のプロジェクト名で活動中）。過去のプロジェクトには、ものづくりの学習について探究する「エージェンシー・バイ・デザイン」、思考ルーティンの使用を前面に押し出す思考を教えるアプローチである「ビジブル・シンキング」、芸術作品を見ることを通じた思考力の発達にアプローチする「アートフル・シンキング」などがある。[1] これまでの著作に、『The Thinking Classroom: Learning and Teaching in a Culture of Thinking』（1994）、『Critical Squares: Games of Critical Thinking and Understanding』（1997）、『Maker-Centered Learning: Empowering Young People to Shape Their Worlds』（2016）、『The Open Canopy Handbook』（2024）などがある。本書は著者初めての単著であり、初の邦訳となる。すでにアメリカ以外の国でも紹介がなされ、大きな反響を呼んでいる。

プロジェクト・ゼロは、ハーバード大学教育学大学院を母体に、学際的なアプローチから教育に関するさまざまな研究プロジェクトを推進してきた。[2] 一九六七年に哲学者のネルソン・グッドマンにより芸術、哲学、認知科学、教育の融合をめざして創設され、多重知能理論を展開したハワード・ガードナーが現在も主任研究員として在籍している。本書は、そのメンバーであるティシュマン氏による、同プロジェクトらしい独創性と冒険心、さらには遊び心にも満ちた、みずみずしい著作である。教育学研究としての奥行きがありながら、その記述は平易で、間口は広い。この魅力を十分に伝えきれていないとすれば、その責は訳者にある。

見ることと学ぶこと

本書が注目する「みる」という行為にはさまざまな側面がある。漢字文化圏のなかにある日本語においては、見る、観る、診る、看る、視るなど、多くの字が当てられる。科学的営為、さらには知的営為全般においても、「みる」ことは、自然や生物の「観察」、気象や天体の「観測」、芸術の「鑑賞」、思想的・宗教的な「観照」など、さまざまに広がる。みることにはさまざまな機材や補助具も介在するが、本書はごくシンプルに、肉眼でみることに焦点を当てている。

見ることは、生きものの生存にはもちろんのこと、人間の成長と深く結びついている。大人については私たちは実感をもってうなずけるかもしれないが、赤ちゃんの視覚の発達過程において、これまでの研究から、とくに一歳以下の視覚に関わる部分が未発達の赤ちゃんは、大人の「想像を超える世界」を見ていることが明らかになってきている。(3) 未知のことはまだ多いが、見ることは学ぶことであり、見ることで私たちは学んでいくということに間違いはないだろう。

美学者の小田部胤久は、見ることと学ぶこととの関係について、ゲーテのディレッタンティズム論に依りながら考察している。ゲーテは素描に触れながら、「見ることを学ぶこと（Sehen Lernen）」について論じる。愛好家（Liebhaber、ディレッタント）は、美術家のように素描が「うまくいかないところがあっても、怯んではならない。私が紙の上へ引く少数の線は、しばしば性急で、正確なことは稀であるが、感覚的事物の表象を容易にしてくれる。というのも、対象をより精確により綿密に観察するとき、人はよりすみやかに普遍的なものへと高まるからである」と述べる。(4) また、大森荘蔵『新視覚新論』の「見る」と「見える」の議論を踏まえつつ、「見る」という能動的な働きは、それに先立つ「見える」という自発的な状態にいわば取り囲まれている、と述べる。(5)

これらの議論は、見ることと学ぶことが結ばれていることに気づかせてくれる。そこでいう学びとは、「見える」ものに取り囲まれている状態から、「見る」という能動性へと移行していくための何らかの意識の働きを統制する行為の質を高めていくこと、言い換えれば、外部からの働きかけを感受し咀嚼する行為の質を高めていくこと、と考えられる。

加えて、ここで訳者が想起するのは、アリストテレス『形而上学』の冒頭部分である。

すべての人間は、生まれつき、知ることを欲する。その証拠としては感官知覚〔感覚〕への愛好があげられる。というのは、感覚は、その効用をぬきにしても、すでに感覚することそれ自らのゆえに愛好されるものだからである。しかし、ことにそのうちでも最も愛好されるのは、眼によるそれ〔すなわち視覚〕である。けだし我々は、ただたんに行為しようとしてだけではなく全くなにごとを行為しようともしていない場合にも、見ることを、言わば他のすべての感覚にまさって選び好むものである。その理由は、この見ることが、他のいずれの感覚よりも最もよく我々に物事を認知させ、その種々の差別相を明らかにしてくれるからである。(6)

私たち訳者は、「みる」ことをめぐる思索の手がかりとしてアリストテレスの自然学分野の著作を読み合わせてきた。その過程で、アリストテレスは自然や動物、政体など、あらゆる動くもの、そして動くという現象や概念について、見る――そして、見ることを通じて考える――ことを愛し、熱中した人物だったのではないかと考えている。そこには、動かないものへの思慕の念を貫いた師プラトンへの意識もあったことが著作の随所から感じられる。彼が数年間滞在したレスボス島での観察をもとに記された『動物誌』は生々しい描写にあふれたすばらしい観察記録であるし、集まって共同体をつくる「ポリス的動物」というよく知られた『政治学』における人間の定義も、ハチやアリなど他の群衆性の動物との比較検討の知見に支えられている。[7] 彼はすぐれた哲学者であると同時に、すぐれた観察者でもあった。[8] 考えることの根幹に「見る」ことを置いたアリストテレスの思索は、今もみずみずしい。

なお、教育における感覚の重視というテーマは、本書で著者も述べる通り、教育史のなかで何度も論じられてきている。その意味では、過去の教育思想、教育実践を繙《ひもと》き、新たな視点から捉え直す手がかりにもなりうる。美術館での対話型鑑賞における既存の情報の扱いをめぐる論争（第5章）なども興味深い。科学史や美術史、生物学、博物館学など学際的な議論を視野に入れる著者の技量には圧倒されるが、関心の核心にある教育学研究としての謙虚さと奥行きの点において、本書は非常に優れている。

学校、野外、博物館、生活のなかの「みる」

本書は、多くの問いかけと事例から、私たちにとっての「みる」という営みを捉え直してくれる。たとえば、学校では、観察や鑑賞といった「みる」ことを学ぶ活動は理科や音楽、美術などさまざまな教科で行われている。少し考えてみていただきたいが、その活動は卒業後の私たちにどのように活かされているだろうか。記憶がない＝活かされていない＝役に立たないと断じるのは簡単だが適切ではない。折にふれてその活動を振り返って捉え直すことに意味があるように思う。身の回りの風景や動植物、空の雲など、少し立ち止まって周囲を見回すだけでも新鮮な発見があるのではないだろうか。

野外での自然観察においてはどうだろう。山梨県都留市では、身近な野生動物であるムササビの観察会が行われている。リピーターも多いなど人気の観察会である。ムササビは一生を樹上で植物のみを食べて暮らす。そのため木から木へと移動するのに滑空という技を身につけた。このムササビらしさが発揮される滑空という行動も、観察会で目にできるのはほんの一瞬にすぎない。しかしその一瞬の「みる」という経験を続けていくと、ムササビの暮らしには子育てができる巨木——子育てには巨木にあるような大きな空洞が必要となる——が大切な意味をもち、また食物の豊富な森が重要であることなどが見えてくる。それは、自然とのよりよい関わりのあり方を具体的に考える契機ともなる。たとえ一瞬の観察であっても、その経験はムササビの暮らす森の背後に現代社会の課題につながる大きなものを「みる」、直観するということとも結びつくといえないだろうか。

本書で多くの紙面を割いて論じられている通り、博物館でも、「みる」ことは基本的な行為である。博物館の原理のひとつをなすといってもよいだろう。「鑑賞（appreciation）」という言葉には、ただぼんやりと対象に対峙するだけでなく、前のめりになって意識を対象に投げかける、そしてその過程で、あるいは最初から、対象もこちらに迫ってくる、といった鑑賞者と対象の相互浸透関係のような意味も含まれるだろう。その結果として、対象を理解したり称賛したり、感謝とともに味わい愛でる、という一連の豊かな意味をもった appreciation が生まれる。そのためには、もちろん一目で魅了されることもあるだろうが、やはりゆっくり見ることは重要なきっかけとなる。「スロー・ルッキング」の名を冠したプログラムは、これまでニューヨーク近代美術館やテートギャラリーなどでも行われている。

昨近はとかく「ファスト・ルッキング」がもてはやされる。デジタル化の進展によって、扱うべき情報やアクセス可能な情報は飛躍的に増えた。目で直接見るのではなく、スマホで検索して「見たつもり」になった経験はないだろうか。映像を倍速で見ることをめぐる議論があるように、見ているようで見ていない、という経験は、私たちにも思いあたる部分があるのではないだろうか。そして、デジタル化されオンライン上に存在する情報がすべてであるかのような錯覚にも、しばしば陥りがちである。しかし、だからといって著者は、ファスト・ルッキング自体を否定はしない。デジタルメディアも活用しながら時には速く、時にはゆっくりと、本書にある「尺度（スケール）」と「視野（スコープ）」を変える力を私たちが育んでいけばよいのだ。

本書を、学校や博物館・美術館、自然観察の場などでの「みる」ことの捉え直しや、科学者・芸術家といった専門家の訓練として考えるだけでも有用だが、それにはとどまらない。みることと学ぶことの関係、さらには私たち一人ひとりの問題として本書の問いは迫ってくる。見ることの訓練はけっして専門家だけのものではなく、子どもから大人まで誰にでも実践可能なものであるし、それぞれの個性や経験のもとに開花していく学習可能なものでもある。学校教育その他で組織的に提供される鑑賞や観察の時間を超えて、生涯学習のテーマとして考えても興味深い。私たち一人ひとりが学び豊かになることで、地域と社会が豊かになり、よりよい文化が生まれていく(9)。本書の提起はその回路をより確かなものにしてくれるのではないだろうか。

本書で展開されているスロー・ルッキングは、その力を育んでいくためのさまざまな手がかりを示している。そこには高額な機材や込み入った手順が必ずしも求められるわけではない。小さな言葉かけや工夫から可能になることが驚くほど多い。目の前にある文房具を手がかりにする第8章の問いかけなどには、訳者は大変驚かされた。

見ることの幸福感

手っ取り早く、なおかつ効率的に知識や情報を得たい、という私たちの欲求は、現代に限ったことではない。記憶術などは古代ギリシャ以来の歴史を持ち、また啓蒙の世紀と呼ばれた一八世紀以降多数刊行された各種の事典は、そのような人びとの要求に応えるものでもあった。本書でも示されている通り、ファスト・ルッキングもまた、私たち人間の本性に根ざしたものなのだろう。

それでもなお、否だからこそ、スロー・ルッキングの可能性に注目したい。ゆっくり見ることは私たち一人ひとりにしかできないし、あらゆる技術はその補助こそすれ代替はなしえない。本書に頻出するlook for yourselfという言葉がある。「自分で確かめる」と訳していることが多いが、「自分自身を探す」「自分のために見る」といった意味がそこには重なる。ゆっくり見ることで、私たちは自分自身をも見つめている。生物であれ無生物であれ、対象に見られているという感覚も呼び起こされる。そこに流れる時間の豊かさに身をゆだねることや、ふだん当たり前に感じていた視点が切り替わる驚きこそ、著者が強調するスロー・ルッキングの「幸福感」ではないだろうか。なお、他の人やものに自分の目になってもらうという経験もありうるが、それは本書から触発された課題としてとっておきたい。

最後に、本書は「見ること」の不思議を探究する内容だが、これを視覚の特権性、優位性といった文脈で読むのは当然ながら適切ではない。先述のアリストテレスの引用箇所についても同様である。また、言語や認知と対立するものとして感覚や感性を重視する議論でもない。感覚の丁寧な吟味と使用、言語を用いた認知と感覚との自然なオーバーラップの可能性を論じた著作として捉えた方がよいだろう。現在、目の見えない人が見ている世界についての考察や、視覚障害者と健常者が鑑賞の機会をともにする美術館の優れたプログラムなども展開されている。[10] それに、今後はスロー・スメリングやスロー・タッチング、スロー・リスニングといった議論も可能かもしれない。世界の知覚、そして世界とのコミュニケーションの可能性は、私たちの前に豊かに拓けている。本書が、保育や幼児教育、学校や美術館・博物館、自然観察、あるいは日常生活のさまざまな場面で見ることの不思議と喜びについて考え、それを子どもたちも含めて周囲の人たちと楽しみ、味わうきっかけとなれば幸いである。

本訳書を世に問うきっかけのひとつになったのは、東京大学ヒューマニティーズセンター公募研究「博物館の原理に関する研究——空間・集い・経験」の過程で、北垣と新藤が博物館に関する研究の読書会を続けてきたことである。関係者に感謝申し上げたい。

そして最後に、本書が世に出る機会を作ってくれた東京大学出版会の木村素明さんに感謝申し上げる。本書は「みる」ことに関心を寄せる方々との出会いの結実でもある。

本書は、東京大学ヒューマニティーズセンターの右記公募研究、および科学研究費（18K13049、20K20814、23K22233）の研究成果である。

注

（1）https://pz.harvard.edu/who-we-are/people/shari-tishman
（2）池内慈朗『ハーバード・プロジェクト・ゼロの芸術認知理論とその実践——内なる知性とクリエティビティを育むハワード・ガードナーの教育戦略』東信堂、二〇一四年
（3）山口真美・金沢創『赤ちゃんの視覚と心の発達　補訂版』東京大学出版会、二〇一九年、iページ
（4）小田部胤久「「見ることを学ぶ」——ゲーテのディレッタンティズム論に寄せて」『美学藝術学研究』四二、二〇二四年、八九ページ

(5) 小田部胤久「美学の成立——感性的認識の学から芸術の哲学へ」小田部胤久・宮下規久朗『西洋の美学・美術史』放送大学教育振興会、二〇二四年、二五ページ
(6) アリストテレス、出隆訳『形而上学』上、岩波書店、一九五九年、二一ページ
(7) 中畑正志「『政治学』解説」『アリストテレス全集一七　政治学・家政論』岩波書店、二〇一八年、五三〇—五三六ページ
(8) アルマン・マリー・ルロワ、森夏樹訳『アリストテレス　生物学の創造』全二巻、みすず書房、二〇一九年
(9) デヴィッド・J・ジョーンズ、新藤浩伸監訳『成人教育と文化の発展』東洋館出版社、二〇一六年
(10) 伊藤亜紗『目の見えない人は世界をどう見ているのか』光文社、二〇一五年

【著者】
シャリー・ティシュマン（Shari Tishman）
ハーバード大学教育学大学院講師，同大学院の研究開発センターであるプロジェクト・ゼロの主任研究員．思考と理解の発達，芸術における学習，芸術を通した学習を中心に研究している．主な共著に The Open Canopy Handbook（Independently published, 2024），Maker-Centered Learning（Jossey-Bass, 2016），Critical Squares（Teacher Ideas Press, 1997），The Thinking Classroom（Allyn & Bacon, 1994）など．

【訳者】
北垣憲仁（きたがき・けんじ）
都留文科大学地域交流研究センター教授．専門は動物学．著書に『カワネズミの谷』（フレーベル館），『小学館の図鑑 NEO　動物』（分担執筆，小学館），訳書に『フォックス博士のスーパードッグの育て方』『オオカミの魂』『幸せな犬の育て方』以上，いずれも白揚社など．

新藤浩伸（しんどう・ひろのぶ）
東京大学大学院教育学研究科准教授．専門は生涯学習，社会教育．著書に『公会堂と民衆の近代』，『文化政策の現在１～３』（分担執筆），『地域学習の創造』（分担執筆），『グローバル化時代の教育改革』（分担執筆）以上，いずれも東京大学出版会，『成人教育と文化の発展』（監訳，東洋館出版社），『地域文化の再創造』（共編，水曜社）など．

索引

さ行

や行

ら行

わ行

スロー・ルッキング
よく見るためのレッスン

2025年4月23日　初　版
2025年8月1日　第3刷

［検印廃止］

著　者　シャリー・ティシュマン

訳　者　北垣憲仁／新藤浩伸

発行所　一般財団法人　東京大学出版会

代表者　中島隆博

153-0041 東京都目黒区駒場4-5-29
https://www.utp.or.jp/
電話　03-6407-1069　Fax 03-6407-1991
振替　00160-6-59964

装　幀　川添英昭
組　版　有限会社プログレス
印刷所　株式会社三秀舎
製本所　牧製本印刷株式会社

ISBN 978-4-13-051367-8　Printed in Japan

公会堂と民衆の近代——歴史が演出された舞台空間
新藤浩伸

文化史、教育史、メディア研究、建築史等の観点をふまえながら、催事のチラシやプログラム、新聞雑誌等の資料を通して、公会堂、なかでもとくに日比谷公会堂の内容面を浮き彫りにしつつ、舞台と客席という公会堂の施設空間に交錯した民衆の近代、日本の近代を描き出す。
本体 8,800円+税

文化政策の現在 3　文化政策の展望
小林真理 編

多様な主体によって担われ、対象領域を拡張し続ける文化政策の課題と可能性を検証し、東日本大震災以降、歴史・記憶の継承などといったさまざまに要請される役割に応えるため、今後のあるべき姿を提言することでそのゆくえを展望しつつシリーズ全体を総括する。
本体 4,000円+税

自然を楽しむ——見る・描く・伝える
盛口　満

自然はこんなにおもしろい!　自然を「見る」視点を探し出し、そこで見つけた生物のすがたをスケッチに「描く」。そして、だれかに「伝える」。「身近な自然」と「遠い自然」を探して30年にわたり教員生活を続けてきた著者が、「学校」というフィールドで生徒たちとつむぎだす物語。
本体 2,700円+税